DES

FONDS PUBLICS

EN FRANCE,

ET DES

OPÉRATIONS DE LA BOURSE

DE PARIS.

Cet Ouvrage se trouve aussi :

A Bordeaux,	chez	Mme Ve BERGERET. GASSIOT, fils aîné.
Au Havre,	—	DELHAYE-LONQUETY.
A Lyon,	—	BOHAIRE.
A Marseille,	—	CAMOIN frères.
A Nantes,	—	FOREST.
A Rouen,	—	FRÈRE. RENAULT.
A Amsterdam,	—	VAN-CLEEF.
A Londres,	—	TREUTTEL et WURTZ.
A Madrid,	—	DENNÉ.
A St.-Pétersbourg,		VEYHER.
A Genève,	—	PASCHOUD.
A Berlin,	—	SCHLESINGER.
A Milan,	—	GIEGLER.
A Turin,	—	BOCCA.
A Gènes,	—	YVES-GRAVIER.
A Naples,	—	MAROTTA et VANSPANDOCH.

DES

FONDS PUBLICS EN FRANCE,

ET DES

OPÉRATIONS DE LA BOURSE DE PARIS,

OU RECUEIL contenant : des détails sur les Rentes cinq pour cent consolidés, les Reconnaissances de liquidation, les Actions de la Banque, les Obligations et les Rentes de la ville de Paris, les Actions des Ponts, des diverses Compagnies d'Assurances, etc. Les Règles pour calculer les Fonds publics et évaluer l'intérêt que rapporte chacun d'eux ; la manière de spéculer soit à la hausse, soit à la baisse, soit sur les reports, etc., etc. ;

PAR JACQUES BRESSON.

QUATRIÈME ÉDITION,

Revue et augmentée de détails sur les Certificats de négociation de 12,514,220 fr. de rente, les Annuités, les Obligations d'Espagne, les Tableaux du tirage des Billets de Prime, les Rentes de Naples, les divers moyens de combiner les opérations de la Bourse, etc., etc., etc.

A PARIS,

CHEZ BACHELIER, Libraire, quai des Augustins.
PAINPARRÉ, Libraire, Palais-Royal, galerie de bois, n° 250.

1821.

DE L'IMPRIMERIE DE HUZARD-COURCIER,
RUE DU JARDINET, N° 12.

PRÉFACE.

L'EMPRESSEMENT avec lequel le Public a accueilli trois éditions successives de cet Essai sur les Fonds publics, nous a engagé à redoubler d'efforts pour donner à celle-ci le plus haut degré d'utilité possible.

Il était indispensable de donner une idée exacte de la manière dont la Caisse d'Amortissement opère pour diminuer graduellement la Dette publique; c'est ce que nous avons expliqué de la manière la plus précise et la plus claire possible, d'après les rapports faits aux deux Chambres sur cet Établissement; et pour mieux faire connaître les résultats que l'on peut en attendre, nous avons joint un tableau indiquant la quantité de rentes que la Caisse d'amortissement pourrait racheter en dix années.

Les circonstances ont amené de grands changemens dans divers effets publics, et nous ont forcé de refondre ce qui concerne les Reconnaissances de liquidations et bien d'autres effets ; de nouveaux chapitres ont été ajoutés pour les certificats de négociation de 12,514,220 fr. de rente, les Annuités, les Bons royaux, autrement dits Bons de la Caisse de service, les Billets de la Caisse syndicale des Boulangers, les Actions du canal du Midi et des canaux d'Orléans et du Loing; enfin les Obligations d'Espagne, sur lesquelles nous n'avions pu donner des détails complets dans la dernière édition, parce qu'au moment où elle a paru, on commençait à recevoir les soumissions chez MM. J. Lafitte et Cie., Ardoin Hubbard et Cie, et qu'à cette époque on ignorait encore le mode adopté depuis pour l'émission, la forme, le remboursement de ces Obligations et les tirages des billets de prime dont nous avons donné les tableaux.

Les Rentes de Naples, devenues aujourd'hui abondantes sur la place de Paris, devaient nécessairement occuper un chapitre dans cet Ouvrage; nous avons donné à cet égard des renseignemens authentiques sur la nature de ces rentes, la quantité qui s'en trouve en circulation, et le moyen d'amortissement adopté par le Gouvernement napolitain.

Enfin, la partie des opérations de la Bourse a été revue avec le plus grand soin, et augmentée de détails sur les négociations au comptant, les négociations à terme, les escomptes, les prêts ou emprunts sur dépôt d'effets publics, les moyens de bonifier une opération à la hausse quand la baisse est arrivée, ou de bonifier une opération à la baisse quand la hausse est survenue.

Cet Ouvrage est divisé en deux parties.

La première, consacrée aux effets publics qui se négocient à la Bourse, fait connaître leur nature, la quantité qui s'en trouve en émission, s'ils sont transférables ou au porteur, les intérêts ou les dividendes dont ils jouissent, les formalités à remplir pour vendre ou acheter ces mêmes effets et en toucher les arrérages; les règles pour calculer les cinq pour cent consolidés, les reconnaissances de liquidation, les Obligations d'Espagne, les rentes de Naples, ainsi que la manière d'évaluer l'intérêt que peut produire chaque espèce de fonds publics.

La seconde partie comprend les opérations de la Bourse, telles que les achats et les ventes fermes; les achats et les ventes à primes; les opérations à la hausse ou à la baisse, la manière de convertir une opération à la hausse en une opération à la baisse, et celle de convertir une opération à la baisse en une opération à la hausse; les reports sur rentes fermes et sur primes qui offrent aux capitalistes le moyen de faire valoir leur argent sur les fonds publics sans se rendre propriétaires de ces mêmes fonds et sans courir les chances de la hausse et de la baisse; l'utilité que l'on peut tirer des reports pour prolonger une opération à la hausse ou une opération à la baisse; un tableau de l'intérêt du report sur rente, calculé avec la plus rigoureuse exactitude, depuis 5 c. jusqu'à 1 fr., la rente étant prise depuis 65 fr. jusqu'à 100 fr., (1) etc.; enfin un léger aperçu

(1) Dans l'édition précédente, la rente n'était prise que depuis 65 fr. jusqu'à 85 fr.

sur les coulissiers et leurs opérations particulières, fait connaître le rôle qu'ils jouent à la Bourse, et donne en même temps une idée exacte de l'importance et de l'immensité des affaires qui s'y traitent, tandis que dans des considérations générales sur les causes de la hausse et de la baisse, nous avons offert le résultat de l'expérience des hommes les plus éclairés sur les mouvemens de la Bourse.

Pour ne laisser aucun doute sur l'authenticité de tout ce qui est contenu dans cet Ouvrage, nous avons indiqué par des renvois au bas de chaque page, les lois, ordonnances, arrêtés, règlemens, circulaires, décisions ministérielles et autres documens qui ont servi à composer ce Livre, que l'on peut consulter avec toute sécurité, attendu qu'il est rédigé sur des pièces émanées du Gouvernement.

DES FONDS PUBLICS
EN FRANCE,
ET DES OPÉRATIONS DE LA BOURSE
DE PARIS.

PREMIÈRE PARTIE.

CINQ POUR CENT CONSOLIDÉS.

PAR *cinq pour cent consolidés*, l'on entend un intérêt de cinq pour cent que le Gouvernement garantit pour un capital non remboursable qui provient d'emprunts faits à différentes époques (1).

(1) Ces rentes étaient autrefois nommées *tiers consolidé*, parce que, d'après la loi du 9 vendémiaire an 6, la dette publique alors existante fut réduite des deux tiers.

Au 1er janvier 1821, le nombre des rentes cinq pour cent consolidés inscrit sur le Grand-Livre s'élevait à 173,052,947 fr., et le nombre à inscrire ultérieurement montait à 4,776,982 fr., ce qui présente un total de 177,829,929 fr. pour les rentes inscrites et à inscrire (1).

Les rentes cinq pour cent consolidés sont considérées comme meubles (2); néanmoins celles affectées à la dotation des majorats sont immobilières (3). Les inscriptions au Grand-Livre de la dette publique sont insaisissables, c'est-à-dire qu'aucun particulier ne peut, pour quelque cause que ce soit, mettre opposition à la vente d'une inscription ni au paiement de ses arrérages (4), le Gouvernement seul s'en est réservé le droit contre ses comptables. Or, comme cette disposition établit en faveur de la

---

(1) Budjet de l'exercice 1821, pag. 44.

(2) Code civil, art. 529.

(3) Décret du 1er mars 1808.

(4) Loi du 8 nivose an 6.

rente un privilége qui la met hors du droit commun, il est ordonné (1) aux agens chargés de l'administration de la dette publique, de veiller scrupuleusement à ce qu'il n'y soit jamais porté atteinte (2).

Sur le cours de la Bourse, pour coter les cinq pour cent consolidés, on a pris pour base le prix de 5 fr. de rente; ainsi, lorsque le cours porte 80 fr. ou 82 fr. 50 c. ou 83 fr., cela signifie que 5 fr. de rente coûte 80 fr. ou 82 fr. 50 c., ou 83 fr.

---

(1) Le Ministre des finances, par une décision du 9 août 1816, a rejeté un certificat de propriété délivré par le greffier en chef du tribunal du département de la Seine, d'après un jugement qui avait attribué à un créancier la propriété des rentes appartenant à son débiteur. Ce jugement était évidemment contraire aux principes consacrés tant par la loi précitée du 8 nivose an 6, que par deux avis du Conseil d'état des 17 thermidor an 10 et 27 fructidor an 13.

(2) Instructions ministérielles relatives à l'exécution de la loi du 14 avril 1819, et à l'ordonnance du même jour. Tit. III, art. 27 et 28.

Caisse d'amortissement.

La Caisse d'Amortissement, recréée et organisée d'après la loi du 28 avril 1816, a pour but l'extinction des rentes cinq pour cent consolidés; 40 millions lui sont payés à cet effet chaque année par le Trésor, outre le produit de la vente de 150 mille hectares de bois qu'elle a été autorisée à effectuer dans l'espace de six années, à compter de 1818 (1).

A mesure que les sommes affectées à la dotation de la Caisse d'Amortissement sont versées dans cette caisse, l'emploi en est fait en achats de rentes sur le Grand-Livre de la dette publique. Il est également fait

(1) Loi du 25 mars 1817. — Ordonnance du Roi du 10 décembre 1817. — D'après les états parvenus à la Caisse au 30 septembre 1821, il avait été vendu 84,236 hectares 97 ares 2 centiares, moyennant 58,992,458 fr. 47 cent. Les prix obtenus par l'adjudication ont excédé de près d'un cinquième les estimations de l'administration forestière.

emploi en achats de rentes des sommes qui rentrent à la caisse pour le paiement des semestres. Les rentes ainsi acquises par la Caisse d'Amortissement sont immobilisées, elles sont inscrites en son nom au Grand-Livre de la dette publique; et afin que dans aucun cas, ni sous aucun prétexte, elles ne puissent être vendues ni mises en circulation, il est fait mention, sur les inscriptions, qu'elles ne peuvent être transférées, et il est en outre apposé sur les extraits desdites inscriptions délivrés au nom de la caisse, un timbre portant ces mots: *Non transférables* (1).

Dans l'intérêt du crédit public comme dans celui des spéculations particulières, il importe de prévenir, sur une scène aussi mobile que la Bourse de Paris, ces oscillations violentes, et, dans le cours des effets publics, ces brusques écarts qui seraient inévitables si, recevant en trois ou

(1) Ordonnance du Roi du 21 mai 1816.

quatre termes les fonds qui lui sont destinés, l'amortissement se pressait d'effectuer, en peu de jours, tous les achats d'une année.

On sait de quels commentaires de telles fluctuations pourraient être le prétexte au-dedans et au-dehors. Tout gouvernement qui profite de l'avantage de racheter sa dette au cours du marché public, doit surtout éviter le reproche d'avoir troublé l'ordre naturel de ce cours, ou le soupçon de vouloir se rendre l'arbitre des variations connues sous le nom de *hausse* et de *baisse*; et, dans leurs devoirs relatifs, le Trésor royal et l'Amortissement ont été fidèles à ce principe.

La dotation de l'amortissement est répartie et rendue disponible par fractions à peu près égales pour chaque jour ouvert au marché public de la Bourse, et le même mode de répartition est suivi pour le paiement des rentes dont l'Amortissement est devenu propriétaire.

Le directeur général fait immédiatement

emploi, en achats de rentes, de chacun des versemens journaliers que la Caisse d'Amortissement reçoit du Trésor royal, et il est même parvenu à soumettre à un système de division semblable le produit des ventes des forêts qui doivent suivre la même destination, mais dont la rentrée est plus éventuelle et plus inégale.

C'est ainsi que, sauf quelques exceptions rares, l'amortissement intervient chaque jour, uniforme et indépendant dans son action sur la place, offrant quotidiennement les mêmes chances de remboursement aux propriétaires de rentes réelles qui veulent rentrer dans leurs capitaux, toujours placé au centre des opérations régulières, sans chercher à leur donner d'autre impulsion que celle du bon exemple, étant étranger à toute combinaison aléatoire.

Au 30 septembre 1821, la Caisse d'Amortissement était inscrite comme titulaire de 21,760,212 fr. de rentes (1), qui ne peuvent plus reparaître au marché public.

(1) Compte de la situation de la Caisse d'Amor-

Le tableau progressif ci-joint, que la commission de surveillance de la Caisse d'amortissement a présenté aux Chambres pendant la session de 1819, établit qu'au 31 décembre 1829, époque que chacun de nous peut regarder comme contemporaine, l'amortissement pourrait, avec ses ressources légales, avoir racheté 78,192,227 fr. de rentes cinq pour cent consolidés, et, d'après ce tableau, le calcul des progressions annuelles promettait au 30 juin 1821, la possession de 20,807,508 fr. de rente, et la Caisse d'Amortissement s'est trouvée propriétaire de 20,736,603 fr. Le rapprochement d'un calcul qui n'était que probable, et de ce résultat réel, indique au moins que les promesses de l'amortissement peuvent n'avoir rien d'avantureux, rien surtout d'exagéré.

---

tissement au 30 septembre 1821, rendu par le directeur général à la Commission de surveillance de cet établissement, en vertu de l'art. 112 de la loi du 28 avril 1816.

TABLEAU PROGRESSIF DES RENTES que rachèteraient, en dix années, une somme annuelle de 67,094,882 fr. employée par moitié dans chaque semestre, et à laquelle s'ajouteraient, comme nouveaux moyens d'achat, les rentes rachetées, en supposant le cours des rentes progressif, dans chaque semestre, de 2 fr. 50 cent. jusqu'à l'époque de 1826, à compter de laquelle ce cours serait au pair de 100 fr. pour chaque 5 fr. de rente.				RELEVÉ DES RENTES qui seraient rachetées par chaque semestre, depuis le 1er janvier 1820 jusqu'au 31 décembre 1829, en y comprenant la rente de 13,635,297 fr., dont l'amortissement était propriétaire au 31 décembre 1819.	
		33,547,441	La moitié du capital de 67,094,882 fr., dont la caisse a pu disposer en 1819.	13,635,297	Rente acquise au 1er janvier 1820.
1820.	1er semestre	2,313,616	Rente rachetée au 30 juin 1820, au cours de 72 fr. 50 c.	2,313,616	*Id.* au 30 juin 1820.
		35,861,057			
	2e semestre	2,390,737	*Id.* au 31 décembre 1820, à 75 fr.	2,390,737	*Id.* au 31 décembre 1820.
		38,251,794			
1821.	1er semestre	2,467,858	*Id.* au 30 juin 1821, à 77 fr. 50 c.	2,467,858	*Id.* au 30 juin 1821.
		40,719,652			
	2e semestre	2,544,975	*Id.* au 31 décembre 1821, à 80 fr.	2,544,975	*Id.* au 31 décembre 1821.
		43,264,627			
1822.	1er semestre	2,622,098	*Id.* au 30 juin 1822, à 82 fr. 50 c.	2,622,098	*Id.* au 30 juin 1822.
		45,886,725			
	2e semestre	2,699,219	*Id.* au 31 décembre 1822, à 85 fr.	2,699,219	*Id.* au 31 décembre 1822.
		48,585,944			
1823.	1er semestre	2,776,339	*Id.* au 30 juin 1823, à 87 fr. 50 c.	2,776,339	*Id.* au 30 juin 1823.
		51,362,283			
	2e semestre	2,853,460	*Id.* au 31 décembre 1823, à 90 fr.	2,853,460	*Id.* au 31 décembre 1823.
		54,215,743			
1824.	1er semestre	2,930,580	*Id.* au 30 juin 1824, à 92 fr. 50 c.	2,930,580	*Id.* au 30 juin 1824.
		57,146,323			
	2e semestre	3,007,806	*Id.* au 31 décembre 1824, à 95 fr.	3,007,806	*Id.* au 31 décembre 1824.
		60,154,129			
1825.	1er semestre	3,084,827	*Id.* au 30 juin 1825, à 97 fr. 50 c.	3,084,827	*Id.* au 30 juin 1825.
		63,238,956			
	2e semestre	3,161,947	*Id.* au 31 décembre 1825, à 100 fr.	3,161,947	*Id.* au 31 décembre 1825.
		66,400,903			
1826.	1er semestre	3,320,045	*Id.* au 30 juin 1826, à 100 fr.	3,320,045	*Id.* au 30 juin 1826.
		69,720,948			
	2e semestre	3,486,047	*Id.* au 31 décembre 1826, à 100 fr.	3,486,047	*Id.* au 31 décembre 1826.
		73,206,995			
1827.	1er semestre	3,660,349	*Id.* au 30 juin 1827, à 100 fr.	3,660,349	*Id.* au 30 juin 1827.
		76,867,344			
	2e semestre	3,843,367	*Id.* au 31 décembre 1827, à 100 fr.	3,843,367	*Id.* au 31 décembre 1827.
		80,710,711			
1828.	1er semestre	4,035,535	*Id.* au 30 juin 1828, à 100 fr.	4,035,535	*Id.* au 30 juin 1828.
		84,746,246			
	2e semestre	4,237,312	*Id.* au 31 décembre 1828, à 100 fr.	4,237,312	*Id.* au 31 décembre 1828.
		88,983,558			
1829.	1er semestre	4,449,177	*Id.* au 30 juin 1829, à 100 fr.	4,449,177	*Id.* au 30 juin 1829.
		93,432,735			
	2e semestre	4,671,636	*Id.* au 31 décembre 1829, à 100 fr.	4,671,636	*Id.* au 31 décembre 1829.
				78,192,227 (*)	

(*) Rentes acquises dans dix ans, au 31 décembre 1829, en supposant que l'amortissement emploie chaque année 67,094,882 fr. au rachat, comme elle a fait en 1819, et que ces rachats se fassent à 72 fr. 50 c. pour les premiers 6 mois, et successivement dans chaque 6 mois, à 2 fr. 50 c. plus cher jusqu'au cours de 100 fr.

Les 21,760,212 fr. de rente que possédait l'amortissement au 30 septembre 1821 (1), surpasse déjà de beaucoup le dixième de la dette inscrite ou à inscrire. A sa cinquième année, l'amortissement n'a encore que la marche de l'enfance, et nous répétons avec confiance, qu'à la fin de 1829, il pourrait avoir absorbé plus des deux cinquièmes de la dette (2).

Grand-Livre de la Dette publique.

Sous le nom de *Grand-Livre*, on comprend les registres sur lesquels sont inscrits les propriétaires des rentes cinq pour cent consolidés.

Chaque rentier a un compte ouvert au Grand-Livre pour chaque inscription qu'il possède, car pour prévenir les erreurs dans

(1) Ces 21,760,212 francs de rente ont coûté 310,769,882 fr. 05 centimes.

(2) Rapports faits aux deux Chambres par la Commission de surveillance de la Caisse d'Amortissement aux deux sessions de 1819 et 1820.

le cas où il y aurait similitude de noms et prénoms, on ouvre autant de comptes qu'il y a d'inscriptions, quoique bien des inscriptions aient les mêmes noms et prénoms.

Le rentier est crédité à son compte du montant de son inscription, et quand il la vend il en est débité par le crédit du compte de l'acheteur.

Le Grand-Livre est divisé en onze séries qui comprennent les comptes ouverts de chaque nom propre d'après leur lettre initiale et dans l'ordre suivant :

1re série, lettres	A, C.
2e *idem*,	B.
3e *idem*,	D.
4e *idem*,	E, F, G.
5e *idem*,	H, I, J, K, M.
6e *idem*,	L, N, O.
7e *idem*,	P, Q, R.
8e *idem*,	S, T, U, V, X, Y, Z.
9e *idem*,	communes (les rentes des).
10e *idem*,	majorats et rentes immobilières.

Enfin la 11e série est destinée à ceux qui ont des comptes courans, tels que les établissemens publics, les agens de change, les banquiers, les capitalistes, etc.

Pour avoir un compte courant au Grand-Livre, il suffit d'en faire la demande qui est prise en considération quand on est propriétaire d'une forte quantité de rente.

Chaque série a une suite illimitée de numéros qui est subordonnée au nombre des inscriptions qui lui appartiennent.

Toute inscription porte les noms et prénoms du propriétaire, la somme de rente qui lui est due, le numéro de la série dont elle fait partie, la jouissance (1), le numéro du transfert et celui du journal.

Aucun particulier ne peut avoir une inscription moindre que 50 fr. de rente (2); les communes seules jouissent de cet avantage qu'on s'est vu obligé de leur accorder

---

(1) Le mot *jouissance* est employé ici pour semestre, et signifie la même chose.

(2) Loi du 24 août 1793.

lors de la mise en exécution de la loi du 20 mars 1813, en vertu de laquelle les communes ont reçu en inscriptions cinq pour cent consolidés, une rente proportionnée au revenu net des biens cédés.

Transferts et Mutations.

Le transfert des rentes représentées par les inscriptions au Grand-Livre de la dette publique s'opère au Trésor par une déclaration (1) reçue sur des registres tenus à cet effet; cette déclaration doit être signée du propriétaire de la rente ou d'un fondé de procuration spéciale, assisté d'un agent de change pour certifier l'identité du pro-

(1) Cette déclaration doit être certifiée et signée de l'agent de change, négociateur de la vente, tant pour l'indication et quotité des inscriptions dont les extraits sont rapportés, que pour l'exactitude des noms et prénoms des acquéreurs, et la quotité des portions de rentes à attribuer à chacun d'eux. (Arrêté du Ministre des finances, du 26 février 1821.)

priétaire vendeur, la vérité de sa signature, et celle des pièces produites. L'agent de change est, par le seul effet de sa certification, responsable de la validité du transfert; cette garantie ne peut avoir lieu que pendant cinq années, à partir de la déclaration du transfert (1).

En cas de mutation autre que les ventes, le nouvel extrait d'inscription est délivré à l'ayant-droit, sur le simple rapport de l'extrait d'incription, et d'un certificat de propriété ou acte de notoriété, contenant ses nom, prénoms et domicile, la qualité en laquelle il procède et possède, l'indication de sa portion dans la rente, et l'époque de sa jouissance.

Le certificat ainsi rapporté après avoir été dûment légalisé, est délivré par le notaire détenteur de la minute, lorsqu'il y a eu inventaire, partage, donation entre-vifs ou testament.

---

(1) Art. 15 de l'Arrêté du 27 prairial an 10.

Il doit l'être par le juge de paix du domicile du titulaire décédé, sur l'attestation de deux témoins, lorsqu'il n'existe aucun acte en forme authentique établissant les droits des nouveaux propriétaires.

Et enfin, par le greffier du tribunal, lorsque, par suite de contestations judiciaires, les droits des nouveaux propriétaires sont établis par jugement (1).

Lorsque les testamens, inventaires, partages ou autres actes établissant les droits des légataires ou héritiers sont passés en pays étrangers, le certificat de propriété doit être délivré par les magistrats autorisés par la loi du pays, et légalisé par les autorités compétentes et par l'ambassadeur ou le consul français résidant audit lieu; la signature de ce dernier doit être certifiée à Paris au Ministère des affaires étrangères; enfin les pièces doivent être timbrées à l'extraordinaire et déposées chez

(1) Loi du 28 floréal an 7.

un notaire de Paris (1), qui en délivre une expédition pour effectuer la mutation au Trésor royal.

Le transfert est fermé chaque année, du 4 au 22 mars et du 4 au 22 septembre, à cause du travail qu'il faut préparer pour le paiement des semestres qui se fait à ces époques.

La fermeture du transfert n'empêche point de vendre et d'acheter des rentes au comptant, mais il faut attendre que le transfert soit rouvert pour effectuer les livraisons des rentes.

Paiement des Arrérages.

Les arrérages des rentes cinq pour cent consolidés se paient chaque semestre au 22 mars et au 22 septembre de chaque année. Ces arrérages sont payés au porteur de

(1) Le Trésor n'admet aucune procuration de l'étranger, ni même des départemens, qu'elle ne soit préalablement déposée chez un notaire de Paris.

l'extrait d'inscription au Grand-Livre, sur la présentation qu'il en fait; chaque paiement est indiqué au dos de l'extrait d'inscription par l'application qui y est faite d'un timbre énonçant le semestre pour lequel le paiement a eu lieu, et dont le porteur est obligé de donner quittance (1).

Les arrérages de la dette publique cinq pour cent consolidés, sont payables dans les départemens comme à Paris, jusqu'à l'expiration du délai de cinq ans (2); le porteur d'inscription n'a qu'à déclarer au receveur général du département où il se trouve, qu'il souhaite en toucher le semestre dans la ville où il réside, le receveur général en réfère au directeur du Grand-Livre, et, sur l'avis de ce dernier, le paiement en est effectué.

---

(1) Loi du 22 floréal an 7. — Ordonnance du Roi du 13 octobre 1819.

(2) Terme fixé par l'article 156 de la loi du 24 août 1793, pour la prescription desdits arrérages.

Les propriétaires de rentes qui, ne pouvant recevoir par eux-mêmes les arrérages échus, ne jugent pas à propos de confier leurs inscriptions à des tiers, sont libres d'y suppléer par des procurations passées par devant notaires.

Ces procurations peuvent être sans désignation spéciale de numéros et de sommes, pour toutes les inscriptions possédées par les propriétaires au moment du mandat, et même pour celles qu'ils pourraient acquérir par la suite, afin d'épargner à ceux qui font de nouveaux placemens en rentes, les frais qu'entraînerait l'obligation de donner de nouveaux pouvoirs pour toucher les arrérages des nouvelles inscriptions (1). Ces procurations doivent aussi être déposées chez un notaire de Paris qui en donne une expédition au fondé de pouvoirs en faisant mention qu'il a signé avec les notaires; et, sur la présentation faite au directeur du

(1) Ordonnances du Roi des 1er mai 1816 et 9 janvier 1818.

Grand-Livre de cette expédition, il est délivré au fondé de pouvoirs deux extraits conformes à l'inscription originale ou à chaque inscription originale, s'il y en a plusieurs. L'un de ces extraits doit être joint à la première quittance de paiement, et l'autre demeure au fondé de pouvoirs, pour être par lui présenté au lieu des inscriptions à chaque semestre. Ce dernier extrait reçoit l'empreinte du paiement dont nous avons parlé ci-dessus.

Ces procurations sont valables pendant dix ans, sauf révocation ; et si, dans l'intervalle, le titulaire se présente pour recevoir un semestre, sa quittance est interprétée comme la révocation des pouvoirs qu'il a précédemment donnés; mais il faut que sa signature soit légalisée par un notaire ou un agent de change.

Les fondés de pouvoirs qui, ayant connaissance du décès de leurs commettans, auront néanmoins reçu des arrérages postérieurement au décès, sans avoir fait opérer la mutation, seront, à la diligence de l'agent judiciaire du Trésor, poursuivis conformément aux lois.

Les arrérages des inscriptions de rentes immobilières affectées à la dotation des majorats, sont soumis à une retenue annuelle d'un dixième, qui est successivement, chaque année, employée en acquisition de nouvelles rentes au profit du titulaire du majorat et des appelés après lui (1).

Des affiches hebdomadaires placées au Trésor, indiquent les jours de paiemens des semestres d'après le numéro de la série, celui de l'inscription, et enfin celui des dix bureaux de paiement auquel les porteurs de titres doivent se présenter.

Inscriptions départementales.

Il est ouvert au Grand-Livre des cinq pour cent consolidés, au nom de la recette

---

(1) Art. 6 du décret du 1er mars 1808. — Décret du 4 juin 1809.

générale de chaque département, celui de la Seine excepté, un compte collectif qui comprend, sur la demande des rentiers, les inscriptions individuelles dont ils sont propriétaires. Il est délivré à chaque rentier inscrit sur ce livre auxiliaire, une inscription départementale détachée d'un registre à souche et à talon ; cette inscription est signée du receveur général, visée et contrôlée par le préfet.

Ces titres équivalent aux inscriptions délivrées par le directeur du Grand-Livre ; ils sont transférables dans les départemens, comme les inscriptions le sont à Paris (1).

La conversion d'une inscription départementale en une inscription au Grand-Livre, s'effectue après confrontation au talon, au nom du propriétaire désigné dans ladite inscription départementale, sur la seule demande du porteur.

L'échange d'une inscription départementale contre un titre semblable dans un au-

(1) Loi du 14 avril 1819.

tre département, s'effectue de la manière suivante : l'inscription départementale à échanger doit être présentée au receveur-général signataire, qui l'annulle et délivre au titulaire une lettre d'avis adressée au receveur-général du département où la rente doit être transportée ; l'inscription départementale est envoyée au Ministre des finances, pour qu'il fasse augmenter d'une somme égale l'inscription de la recette générale où doit passer la nouvelle inscription départementale, et diminuer de la même somme l'inscription du département d'où la rente a été extraite. L'inscription nouvelle a lieu après le certificat donné par le directeur du Grand-Livre sur la production de la lettre d'avis du receveur-général qui a annullé la première inscription départementale.

Chaque receveur-général est chargé d'office, à la volonté des particuliers, d'opérer pour leur compte et sans frais, sauf ceux de courtage justifiés par bordereaux d'agens de change, toutes les ventes et achats de rentes qu'ils jugeront à propos de leur confier (1).

Compensation des Arrérages de rentes avec les contributions directes.

Tout propriétaire d'inscription directe ou d'inscription départementale est libre d'en compenser les arrérages, soit avec ses contributions directes, soit avec celles d'un tiers à ce consentant; la seule formalité à remplir, consiste à en faire la déclaration au receveur-général, qui se charge de la recette desdits arrérages et de l'application de leur montant au paiement de ces contributions, dans quelque lieu qu'elles doivent être acquittées (2).

Ces compensations s'opèrent par l'abandon des semestres de rentes échéant dans la même année, et sans qu'il y ait lieu à décompte pour les différences d'échéances

(1) Ordonnance du Roi du 14 avril 1819.

(2) Loi du 14 avril 1819.

entre les rentes et les termes exigibles des contributions. La compensation s'effectue par l'échange de la quittance des rentes contre la décharge équivalente du receveur-général. Le titre dont la rente a été assignée au paiement des contributions, est timbré des semestres employés à ce paiement.

Les déclarations à fin de compensation durent jusqu'à révocation expresse. Elles cessent néanmoins d'avoir leur effet, à défaut, par le rentier, de remettre au receveur-général sa quittance avant l'échéance du premier terme de sa contribution annuelle. Si la rente est plus forte que la contribution à payer, il est remis pour le surplus, par le receveur-général, des bons payables aux échéances des arrérages compensés; si c'est la contribution qui excède, le rentier doit acquitter cet excédant.

Le receveur-général est tenu de se charger de tous les détails nécessaires pour consommer la libération du contribuable, en adressant, soit aux directeurs des contributions, soit aux receveurs particuliers ou aux percepteurs, les renseignemens nécessaires pour que la compensation soit annotée sur les rôles, et le paiement émargé, de manière qu'il ne puisse être exercé aucune action contre le contribuable. Le receveur-général se charge encore des mêmes opérations pour les départemens autres que le sien, et son intervention a, pour le contribuable, le même effet que dans son département. Les compensations pour les rentiers domiciliés dans le département de la Seine doivent se faire au Trésor royal.

La compensation n'empêche pas la libre disponibilité des rentes ; les propriétaires ont la faculté de les vendre, aux époques qui leur conviendront, sous la déduction des arrérages compensés (1).

Formalités à remplir quand on perd une inscription.

Les rentiers qui, par vol, incendie ou

(1) Ordonnance du Roi, du 14 avril 1819.

tout autre accident, auraient perdu leurs extraits d'inscriptions, en feront la déclaration devant le maire de la commune de leur domicile. Cette déclaration faite en présence de deux témoins qui constateront l'individualité du déclarant, est assujettie au droit fixe d'enregistrement d'un franc; ladite déclaration doit être rapportée au Trésor public. Après en avoir fait constater la régularité, le Ministre des finances autorisera le directeur du Grand-Livre à débiter le compte de l'inscription perdue, et à la porter à compte nouveau par un transfert de forme; il est remis au réclamant un extrait original de ce nouveau compte.

Ce transfert de forme ne peut avoir lieu que dans le semestre qui suit celui pendant lequel la demande d'un nouvel extrait d'inscription a été adressée au Ministre des finances (1).

Promesses d'Inscription.

La loi du 28 avril 1816 accordait aux

(1) Décret du 3 messidor an 12.

propriétaires de créances relatives à l'arriéré antérieur au 1er janvier 1816, la faculté d'en recevoir le paiement, soit en cinq pour cent consolidés, soit en reconnaissances de liquidation. Les propriétaires de créances au-dessous de 1000 francs de capital, ou moins de 50 francs de rente, ne pouvant obtenir un extrait d'inscription au Grand-Livre (1), on a créé à cet effet des promesses d'inscriptions ; les porteurs de ces promesses ont toujours le droit de se faire inscrire au Grand-Livre, lorsqu'ils peuvent réunir jusqu'à 50 francs de rente (2).

Les promesses d'inscription se vendent toujours 1 franc au-dessous du cours auquel sont portés les cinq pour cent consolidés, afin d'indemniser leurs propriétaires des formalités auxquelles ils sont obligés de se conformer pour les faire réunir et inscrire au Grand-Livre.

---

(1) *Voyez* page 21.

(2) Ordonnance du Roi du 29 mai 1816.

Certificats de négociation de 12,514,220 fr. de rentes cinq pour cent consolidés.

En vertu d'une ordonnance royale (1), le Ministre des finances a été autorisé à procéder à la vente de 12,514,220 fr. de rentes cinq pour cent consolidés appartenant au Trésor, et provenant, savoir :

1°. Reste du crédit de 16,600,000 fr. de rentes ouvert à l'exercice de 1818 (2), et transporté à l'exercice 1819 (3) .... 1,674,500 fr.

2°. Portion du crédit affecté (4) par la convention du 9 octobre 1818 (art. 5), au paiement des cent millions, et rendue le 1er juin 1820, en exécution de la convention du 2 févr. 1819. 6,615,944

Transport. . . . . 8,290,444 fr.

(1) Ordonnance du Roi du 8 juillet 1821.

(2) Lois des 6 et 15 mai 1818.

(3) Loi du 28 mai 1820.

(4) Loi du 6 mai 1818.

Report	8,290,444 fr.
3°. Rentes rachetées sur la place en 1818.........	2,929,000
4°. Un tiers du crédit de 3,884,328 fr. de rentes affecté au paiement des annuités (1), pour acquitter les deux premiers sixièmes échéant en 1821 et 1822..	1,294,776
Total............	12,514,220 fr.

La vente desdits 12,514,220 francs de rentes s'est faite le 9 août 1821, avec publicité et concurrence, et par soumissions cachetées, à la compagnie qui a offert le prix le plus élevé, MM. Baguenault et compagnie, Delessert et compagnie, Hottinguer et compagnie, qui ont donné 85 francs 55 c. pour 5 fr. de rente, jouissance du 22 septembre 1821, *maximum* des prix proposés, ont été proclamés adjudicataires.

D'après les conditions de la vente, le

(1) Loi du 8 mars 1821.

paiement de ces rentes a lieu par quinzième, de mois en mois, du 6 octobre 1821, au 6 décembre 1822; et en échange du paiement du premier quinzième, la compagnie adjudicataire a reçu des certificats de négociation de 12,514,220 fr. de rente, par coupures de 500, 1500 et 3000 fr. de rente, avec jouissance du 22 septembre 1821. A chaque certificat sont annexés des coupons servant de récépissés pour les paiemens successifs qui doivent s'effectuer de mois en mois. A défaut du paiement d'un quinzième échu, le montant du certificat est exigible en totalité, et le Ministre des finances peut faire vendre la rente afférente audit certificat, au profit du Trésor royal, jusqu'à due concurrence (1).

Après l'acquittemer t des deux premiers quinzièmes, et depui le paiement du troisième quinzième écl a le 6 décembre 1821, le propriétaire de chaque certificat peut,

(1) Arrêté du Ministre des finances, du 8 juillet 1821.

au moyen des coupons qui y sont annexés, et à mesure de leur acquittement, réclamer l'inscription immédiate et partielle afférente à chacun desdits quinzièmes, les deux premiers quinzièmes restant en réserve pour la garantie du Trésor jusqu'au paiement de solde définitif.

Les coupons afférens à chaque quinzième sont de 100 fr. de rente pour les certificats de 1500 fr. de rente, et de 200 fr. de rente pour les certificats de 3000 fr. de rente. Quant aux certificats de 500 fr. de rente, les coupons n'étant valables que pour 33 fr. $\frac{1}{3}$ de rente, on est obligé d'en présenter trois pour obtenir une inscription de 100 fr. de rente.

Les arrérages des semestres qui échoient au 22 mars et 22 septembre 1822, sont pris pour comptant par le caissier général du Trésor, pour le paiement des sixième et douzième quinzièmes, et ce pour la somme d'arrérages due aux coupons non détachés.

Les certificats de négociation de

12,514,220 fr. de rente sont transférables par endossement. Chaque endossement doit être certifié par un agent de change.

Conversion d'Inscriptions cinq pour cent consolidés, en certificats de rentes à ordre ou au porteur.

MM. Martin d'André et fils, et Thuret et compagnie, banquiers à Paris, fournissent à tous les propriétaires de rentes qui le désirent et qui ont fait inscrire leurs rentes à leurs noms cumulatifs, des certificats, soit reconnaissance de rentes à ordre ou au porteur, munis de six coupons d'intérêts (1) qui peuvent être détachés à mesure de leurs échéances, payables à Paris; ils sont signés pour MM. Martin d'André et fils, et Thuret et compagnie, soit par l'un des associés, soit par un fondé de procuration.

(1) Chaque coupon d'intérêt représentant un semestre, il en résulte qu'il faut renouveler ces certificats au bout de trois ans.

Cette compagnie a l'autorisation du Ministre des finances, et les certificats qu'elle délivre sont visés par le Directeur du Grand-Livre de la dette publique, qui constate l'existence des inscriptions sur le Grand-Livre, représentées par les certificats, et déposées à la Trésorerie.

Tout propriétaire de certificat qui veut rentrer dans la possession de l'inscription sur le Grand-Livre, est satisfait à sa première réquisition, en rapportant le certificat qui y est relatif : chaque certificat indiquant le numéro de l'inscription d'où il provient, et qui y demeure spécialement affectée.

Les droits de la compagnie sont payés par les propriétaires de rentes, et fixés pour tous frais à ½ pour cent, sur le capital nominal pour chaque échange de certificat ou d'inscription.

Les bureaux de la compagnie sont établis rue Chantereine, n° 48.

Règle pour calculer le montant d'une quantité quelconque de rentes, d'après le prix porté sur le cours de la Bourse.

Dites : 5 fr. de rente est au prix porté sur le cours de la Bourse, comme la quantité de rente donnée est au capital cherché.

EXEMPLE.

Soit { 5125 f. la quantité de rente.
80 f. 05 c. le prix.

On aura la proportion suivante :

$$5 : 80,05 :: 5125 : x = \frac{5125 \times 80,05}{5} = \frac{410256,23}{5}$$
$$= 82,051 \text{ fr. } 25 \text{ c. résultat.}$$

D'où l'on peut déduire cette règle générale : multipliez la quantité de rente par le prix porté sur le cours de la Bourse, et divisez le produit par 5.

Régle pour connaître combien l'on peut acheter de rentes pour un capital quelconque, d'après le prix porté sur le cours de la Bourse.

Dites : le prix porté sur le cours de la Bourse est à 5 fr. de rente comme le capital donné est à la quantité de rente cherchée.

EXEMPLE.

Soit { 12000 f. le capital.
82 f. 95 c. le prix de la rente.

$$82,95 : 5 :: 12000 : x = \frac{12000 \times 5}{82,95} = \frac{60000}{82,95}$$
$$= 723 \text{ fr. résultat (1).}$$

Ainsi, pour un capital de 12,000 fr., l'on pourra acheter 723 fr. de rente au cours de 82 fr. 95 c.

On peut déduire de la proportion précédente la règle suivante : multipliez le ca-

(1) En faisant la division, on trouve 723 f. 32 c. ; comme les inscriptions ne comportent point de fractions de francs, on néglige toujours les centimes.

pital par 5, et divisez le produit par le prix de la rente porté sur le cours de la Bourse.

Règle pour connaître l'intérêt pour cent l'an que rapporte la rente, d'après le prix porté sur le cours de la Bourse.

Dites : le prix porté sur le cours de la Bourse est à 100 fr. comme 5 est au taux de l'intérêt cherché.

EXEMPLE.

Soit 80 f. 05 c. le prix.

$$80,05 : 100 :: 5 : x \; \frac{500}{80,05} = 6,25 = 6\tfrac{1}{4};$$

intérêt pour cent l'an, que produit la rente au cours de 80 fr. 05 c., d'où l'on peut tirer cette règle générale : divisez 500 par le prix porté sur le cours de la Bourse.

RECONNAISSANCES DE LIQUIDATION.

Création des Reconnaissances de liquidation.

Les reconnaissances de liquidation ont été créées pour acquitter l'arriéré antérieur au 1er janvier 1816 (1). Le nombre des reconnaissances délivrées au 1er janvier 1821 montait à 270,442,825, et celui à délivrer ultérieurement (par estimation) s'élevait à 29,557,175, ce qui présente un total de 300,000,000, dont il faut déduire un cinquième, faisant 60,000,000, remboursés le 22 mars 1821, ce qui en porte le total effectif à 240,000,000 (2).

Les reconnaissances de liquidation sont

(1) Cet arriéré comprend les créances antérieures au 1er avril 1814, et les dépenses qui restaient à acquitter sur le service des neuf derniers mois de 1814 et sur l'exercice de 1815, en excédant des recettes de ces deux exercices. (Loi du 28 avril 1816.)

(2) Budjet de l'exercice 1821, page 44.

remboursées intégralement par cinquième d'année en année, à compter de l'année 1821. Les cinq séries sont déterminées par le sort.

D'après la loi du 25 mars 1817, le remboursement des reconnaissances de liquidation doit se faire en numéraire, et à défaut, en inscriptions de rentes au cours moyen des six derniers mois qui précèdent l'année du remboursement. Néanmoins, les créanciers conservent la faculté de faire inscrire immédiatement au Grand-Livre de la dette publique le montant de leur créance pour sa valeur nominale.

Le premier cinquième des reconnaissances de liquidation, appelé au remboursement en 1821, a été déterminé de la manière ci-après : sur les dix chiffres formant le système numérique, il en a été, par un tirage public, en décembre 1820, tiré deux par le sort (1), savoir : les chiffres *un* et *six*;

(1) Ordonnances du Roi du 2 avril 817 et du o décembre 1820.

les reconnaissances de liquidation alors en émission dont les numéros étaient terminés par les finales un et six, ont été remboursées en numéraire, ou, au choix des porteurs, en Annuités (1) payables en six années.

Il a été ouvert, au Ministre des finances, un crédit en rentes cinq pour cent consolidés, de la somme de 3,884,328 fr., avec jouissance du 22 mars 1821. Ladite inscription de rente de 3,884,328 fr., représentant à 77 fr. 23 c. $\frac{1}{3}$, cours moyen des cinq pour cent consolidés pendant les six derniers mois de l'année 1820, un capital numéraire de 60,000,000, a été spécialement affecté au remboursement du premier cinquième des reconnaissances de liquidation, évalué à pareille somme de 60,000,000 (2).

Les numéros déjà déterminés par le sort ne seront plus employés lors de l'enregis-

(1) *Voyez* page 57 le chapitre des Annuités.

(2) Loi du 8 mars 1821.

trement des reconnaissances à émettre postérieurement au tirage (1).

Sur le cours de la Bourse, pour coter les reconnaissances de liquidation, on a pris pour base le prix de 100 fr. de reconnaissance : ainsi, lorsque le cours porte 94 fr. ou 95 fr. 70 c., ou 97 fr., cela signifie que 100 fr. de reconnaissance coûte 94 fr., ou 95 fr. 70 c., ou 97 fr.

Les reconnaissances de liquidation sont à la volonté des propriétaires, au *porteur*, ou *nominatives* (2).

Reconnaissances de liquidation au porteur.

Les reconnaissances de liquidation au porteur sont divisées en deux classes.

La première classe est composée de coupures fixes de mille, cinq mille et dix mille francs, avec coupons d'intérêts pour chaque semestre. Les reconnaissances de dix mille

(1) Ordonnance du Roi du 2 avril 1817.

(2) Ordonnance du Roi du 30 mai 1821.

francs sont sur papier rose, celles de cinq mille sur papier bleu, et celles de mille sur papier jaune.

La deuxième classe, destinée au paiement des appoints et créances au-dessous de mille francs, est sans coupons, avec jouissance du 22 mars 1817. Les intérêts en sont payables sur quittance du porteur, et avec estampille au dos de l'effet.

Ces reconnaissances sont sur papier blanc; de là est venu qu'on les nomme reconnaissances *blanches*.

Lorsque l'on a plusieurs reconnaissances blanches formant ensemble une somme égale à 1000 fr. ou au-dessus de 1000 fr., on peut les faire réunir, c'est-à-dire les faire échanger au Trésor contre une reconnaissance jaune de 1000 fr.; et dans le cas où les reconnaissances déposées s'élèvent au-delà de 1000 fr., on reçoit une nouvelle reconnaissance blanche pour la valeur qui excède les 1000 fr.

Pour indemniser le porteur de reconnaissances blanches des formalités qu'il est obligé de remplir pour les faire réunir, on les vend toujours 1 fr. au-dessous du cours auquel sont cotées les reconnaissances de coupures fixes.

Reconnaissances de liquidation nominatives.

Il est ouvert, au Trésor royal, un Grand-livre de reconnaissances de liquidation nominatives, pour y porter celles que les propriétaires désirent faire inscrire à leur nom.

Les reconnaissances de liquidation nominatives sont, comme celles au porteur, en sommes rondes de dix mille francs, cinq mille francs, mille francs de capital; elles sont délivrées en échange d'un dépôt au Trésor de pareille somme en reconnaissances de liquidation au porteur, garnies de tous leurs coupons d'arrérages non échus, lesquelles reconnaissances de liquidation au porteur sont immédiatement annulées à l'instant du dépôt.

Pour ne rien changer à l'ordre des tirages

successifs, chaque reconnaissance de liquidation nominative, outre son numéro d'ordre, porte également l'indication des finales des numéros originaires des reconnaissances de liquidation au porteur qu'elle remplace.

Le Grand-Livre des reconnaissances de liquidation nominatives est tenu dans la même forme que le Grand-Livre des cinq pour cent consolidés. Les changemens de propriété sont soumis aux mêmes règles que celles observées pour les mutations et transferts de la dette inscrite, et font partie du compte qui en est rendu chaque année à la Cour des Comptes.

Les arrérages des reconnaissances de liquidation nominatives sont payables sur la présentation du certificat d'inscription, dans la même forme que les arrérages des rentes cinq pour cent consolidés.

Les reconnaissances de liquidation au porteur peuvent être converties en reconnaissances de liquidation nominatives; mais les reconnaissances de liquidation nominatives ne sont point susceptibles d'être converties en reconnaissances de liquidation au porteur.

Règle pour calculer le montant d'une quantité quelconque de reconnaissances d'après le prix porté sur le cours de la Bourse.

Dites : 100 fr. est au prix porté sur le cours de la Bourse, comme le nombre donné de reconnaissances est au capital cherché.

EXEMPLE :

Soit { 87000 fr. la quantité de reconnaissances.
93 fr. 50 c. le prix.

On aura la proportion

$$100 : 93.50 :: 87000 : x = \frac{87000 \times 93,50}{100}$$
$$= 81345 \text{ f. résultat.}$$

De cette proportion l'on peut déduire la règle pratique suivante : multipliez le nombre de reconnaissances par le prix porté sur le cours de la Bourse, et divisez le produit par 100.

Règle pour connaître combien l'on peut acheter de reconnaissances de 1000 *fr. pour un capital quelconque, d'après le prix porté sur le cours de la Bourse.*

Prenez d'abord le prix de 1000 fr. de reconnaissances d'après le cours de la Bourse; puis dites : le prix de 1000 fr. de reconnaissances, d'après le cours de la Bourse, est à 1 reconnaissance de 1000 fr. comme le capital donné est au nombre cherché.

EXEMPLE :

Soit { 81345 fr. le capital.
93 fr. 50 c. le prix.

93 fr. 50 c. étant le prix de 100 fr. de reconnaissances, 935 fr. seront le prix de 1000 fr. de reconnaissances, et l'on aura la proportion

$$935 : 1 :: 81345 : x = \frac{81345}{935} = 87 \text{ résultat.}$$

De cette proportion l'on peut déduire la règle générale suivante : divisez le capital donné par le prix de 1000 fr. de reconnaissances.

Dans l'exemple ci-dessus, le nombre 87 indique que, pour un capital de 81 345 fr., l'on peut acheter 87 reconnaissances de 1000 fr. chaque ; car, les reconnaissances ne se vendant que par multiple de 1000 fr., il importe seulement de savoir combien pour un capital quelconque l'on peut avoir de reconnaissances de 1000 fr.

Le cas contraire n'aurait lieu que pour les reconnaissances blanches, c'est-à-dire, celles au-dessous de 1000 fr. ; mais c'est un objet de si peu d'importance, que nous n'en parlerons point ici.

Règle pour connaître l'intérêt pour cent l'an que rapportent les reconnaissances, d'après le prix porté par la Bourse.

Dites : le prix porté sur le cours de la Bourse est à 100 fr., comme 5 est au taux de l'intérêt cherché.

EXEMPLE.

Soit 93 fr. 75 c. le prix.

$$93.75 : 100 :: 5 : x = \frac{500}{93,75} = 5,33 \text{ résultat.}$$

D'où l'on peut déduire cette règle générale : divisez 500 par le prix porté sur le cours de la Bourse.

De ce que l'intérêt des reconnaissances de liquidation est moindre que celui des cinq pour cent consolidés, il ne faut point en conclure que cet effet soit d'une valeur moindre que la rente ; car les reconnaissances offrent un avantage que ne présente point la rente, leur remboursement s'effectuant par cinquième à compter de l'année 1821, comme nous l'avons dit page 47.

ANNUITÉS.

Création des Annuités.

Les soixante millions d'annuités, dont l'émission a été autorisée (1) pour rembourser le premier cinquième des reconnaissances de liquidation, a été composé en raison des demandes, savoir :

1°. De 10 000 000 fr. d'annuités à *six pour cent* d'intérêts ;

2°. De 50 000 000 fr. d'annuités *à quatre pour cent* d'intérêts avec *Lots et Primes*.

Annuités à SIX *pour cent.*

Les annuités portant *six pour cent* d'intérêts par an, sont de la somme de 1000 fr.

Les dix millions francs d'annuités à *six pour cent* sont remboursables le 22 dé-

(1) Loi du 8 mars 1821. — Ordonnance du Roi du 14 mars 1821. — Arrêté du ministre des finances du 20 août 1821.

cembre 1821, avec les intérêts de neuf mois courus du 22 mars au 22 septembre de la même année.

Ce remboursement a lieu, tant en capital qu'en intérêts, sur la remise des reconnaissances de liquidation frappées du timbre de *six pour cent*, et sans qu'il soit nécessaire de les changer contre d'autres titres.

Annuités à QUATRE *pour cent, avec Lots et Primes annuels; leurs échéances, leur forme.*

Les cinquante millions francs d'annuités à *quatre pour cent*, seront remboursables aux échéances suivantes, dans l'ordre qui sera destiné par les tirages au sort.

10 000 000 fr.	le 22	décembre	1822.
10 000 000	le 22	*idem*	1823.
10 000 000	le 22	*idem*	1824.
10 000 000	le 22	*idem*	1825.
10 000 000	le 22	*idem*	1826.

Les cinquante millions d'annuités à *quatre pour cent* sont divisés en cinquante séries, d'un million francs chacun.

Chaque série est composée de mille annuités, numérotées depuis un jusqu'à mille, et portant en outre le numéro de leur série.

Aux annuités à *quatre pour cent*, sont annéxés des coupons de vingt francs d'intérêts, payable les 22 juin et 22 décembre 1822, 1823, 1824, 1825 et 1826.

Lors du remboursement des annuités, les coupons non échus devront être rapportés et annulés ; faute de quoi le montant en serait retenu sur le capital.

Les *deux pour cent* d'intérêts retenus aux annuités à *quatre pour cent* ont été réunis pour établir un fonds commun, lequel est réparti en *Primes et Lots* par tirage au sort, ainsi qu'il est détaillé aux chapitres suivans.

Montant et distribution des Lots et Primes.

La somme totale à distribuer en Lots et Primes est fixée à......... 3 750 000

Report..............	3 750 000
Intérêts à quatre pour cent des 50,000,000 francs d'annuités....................	7 500 000
Somme égale aux intérêts à six pour cent des 50,000,000 fr. d'annuités................	11 250 000

La somme de 3 750 000 fr. est également partagée entre les dix années suivantes et distribuée comme il suit :

1821. — 625 000f	entre 50 000 annuités		
1822. — 625 000	entre 50 000 annuités		Restant
1823. — 625 000	entre 40 000 annuités		en
1824. — 625 000	entre 30 000 annuités		circu-
1825. — 625 000	entre 20 000 annuités		lation.
1826. — 625 000	entre 10 000 annuités		

Chaque somme annuelle de 625 000 fr. est répartie en dix-neuf Lots et sept cent Primes dans les annés 1821, 1822, 1825 et 1826; dix-neuf Lots et sept cent vingt Primes dans les années 1823 et 1824, conformément au tableau ci-joint :

NOMBRE DES LOTS ET PRIMES				
en 1821, 1822, 1825 et 1826	en 1823.	en 1824.		
1	1	1	Lot de 50,000f faisant	50,000f
3	3	3	de 25,000	75,000
5	5	5	de 20,000	100,000
10	10	10	de 10,000	100,000
19	19	19	Lots montant à	325,000
100	80	90	Primes de 1,000	100,000
200	240	210	de 500	200,000
400	400	420	de 250	100,000
700	720	720	Primes montant à . . *F.*	300,000.

Tirages au sort.

Les tirages au sort ont lieu :

1°. Le 1er. décembre, pour déterminer les 10 000 000 francs remboursables chaque année ;

2°. Le 1er. novembre, pour la répartition des Lots et Primes.

Les Lots et Primes sont payés le 22 décembre, en même temps que les intérêts et le capital des annuités.

Pour désigner les 10 000 00 fr. remboursables le 22 décembre 1822, il est mis dans une roue, le 1er. dudit mois, cinquante numéros, depuis 1 jusqu'à 50, indiquant les cinquante séries d'un million francs.

Il est extrait successivement de la roue dix numéros, qui désignent les dix séries formant les 10 000 000 fr. remboursables.

Le nombre des numéros entre lesquels les tirages ont lieu décroîtra chaque année, avec les remboursemens, comme il suit :

ANNÉES.	NOMBRE des séries et des Numéros.	ANNUITÉS restant en circulation.	REMBOURSEMENS annuels.
1821.	50	50 000 000f	"
1822.	50	50 000 000	10 000 000f
1823.	40	40 000 000	10 000 000
1824.	30	30 000 000	10 000 000
1825.	20	20 000 000	10 000 000
1826.	10	10 000 000	10 000 000

Le tirage pour la distribution des Lots et Primes annuels, a lieu le 1er novembre, dans l'ordre suivant :

Outre la première roue renfermant les

numéros représentant les séries, on dispose une seconde roue renfermant mille numéros de 1 à 1000, représentant les mille annuités formant chaque série de 1 000 000 fr.

Pour la distribution des dix-neuf Lots ;

1°. On tire de la première roue un numéro qui désigne la série à laquelle appartient le premier Lot de 50 000 fr.

2°. Aussitôt après, on tire de la seconde roue un numéro qui désigne le numéro gagnant, dans cette série ledit Lot de 50 000 f.

On renouvelle cette opération pour chacun des trois Lots de 25 000 fr., des cinq Lots de 20 000 fr., et des 10 Lots de 10 000 fr. dans l'ordre de leur importance.

Après le tirage de chaque Lot, les numéros sortis des deux roues y sont immédiatement rétablis avant le tirage du Lot suivant.

Pour la distribution des 700 (ou 720) Primes de 1000 fr., 500 fr. et 250 fr., on extrait un numéro de la seconde roue renfermant mille numéros.

Chaque numéro sortant obtiendra une

Prime pour chaque annuité, portant le même numéro dans chacune des séries.

Les numéros sortis ne sont pas remis dans la roue au même tirage. Le nombre des numéros tirés et l'ordre des Primes distribuées dans chaque série sont comme il suit:

ANNÉES.	NOMBRE des Séries restantes.	NOMBRE des Numéros à tirer et des primes dans chaque Série.				TOTAL des primes
		Primes de 1,000f.	Primes de 500f.	Primes de 250f.	TOTAL.	
1821.	50	2	4	8	14	700
1822.	50	2	4	8	14	700
1823.	40	2	6	10	18	720
1824.	30	3	7	14	24	720
1825.	20	5	10	20	35	700
1826.	10	10	20	40	70	700

Chaque annuité peut obtenir et cumuler autant de Lots et de Primes que son numéro se trouve désigné de fois par le sort, dans un même tirage, ou dans les tirages annuels.

N. B. Les règles pour calculer les annuités sont absolument les mêmes que celles que nous avons expliquées précédemment pour les Reconnaissances de liquidation.

ACTIONS DE LA BANQUE DE FRANCE.

Le capital primitif de la Banque de France était de quarante-cinq millions, à raison de quarante-cinq mille actions de 1000 fr. chacune (1) ; mais, afin de pouvoir étendre ses opérations et se procurer des bénéfices suffisans pour payer un dividende raisonnable à ses actionnaires, en fournissant au Trésor des moyens de négociations, le privilége de la Banque, fixé d'abord à quinze années, qui devaient expirer en 1818, fut prorogé jusqu'au 22 septembre 1843; et au 1er janvier 1808, la Banque fut autorisée à mettre en émission quarante-cinq mille nouvelles actions (2). Le capital de ces nouvelles actions fut porté à 1200 francs par action, au lieu de 1000 francs, prix du capital primitif; 200 francs furent prélevés sur les réserves existantes pour égaler les quarante-cinq mille premières actions aux quarante-cinq mille nouvelles, et faire

(1) Loi du 24 germinal an 11.
(2) Loi du 22 avril 1806.

participer les quatre-vingt-dix mille, sans distinction, à un dividende égal.

Les quatre-vingt-dix mille actions de 1200 francs chacune, forment un capital de 108 millions, sans y comprendre la réserve ou la retenue que l'on fait chaque année sur les bénéfices; mais la Banque ayant racheté vingt-deux mille cent de ses actions, il n'en reste plus que soixante-sept mille neuf cents en circulation.

Le dividende annuel se compose : 1° d'une répartition de six pour cent du capital primitif de 1000 francs par action; 2° d'une autre répartition égale aux deux tiers du bénéfice excédant ladite répartition de six pour cent.

Le dernier tiers des bénéfices est mis en fonds de réserve. Le dividende est arrêté tous les six mois, et payé à bureau ouvert au 1er janvier et au 1er juillet de chaque année.

En cas d'insuffisance des bénéfices pour ouvrir un dividende dans la proportion de six pour cent du capital primitif de 1000 fr.

par action, il y est pourvu en prenant sur les fonds de réserve (1); en sorte que chaque dividende ne peut être moindre que 30 fr. par action.

D'après la loi du 4 juillet 1820, il a été payé 202 francs par action de la Banque pour la répartition des réserves acquises en exécution de la loi du 22 avril 1806; cette réserve s'élevait à 13 768 527 fr. 96 c. au 31 décembre 1819, déduction faite de la somme de 3 875 472 fr. 04 c. pour l'acquisition du palais de la Banque et de ses dépendances.

Les bénéfices mis en réserve antérieurement à loi loi du 22 avril 1806, montant à la somme de 7 760 650 fr. 76 c., continuent provisoirement de rester en réserve.

La transmission des actions s'opère par de simples transferts sur des registres doubles tenus à cet effet. Elles sont valablement transférées par la déclaration du propriétaire ou de son fondé de pouvoirs, signée sur les registres, et certifiée par un agent

(1) Statuts de la Banque du 16 janvier 1808.

de change, s'il n'y a opposition signifiée et visée à la Banque.

Les actions de la banque sont admises à la formation d'un majorat; alors elles deviennent immobilières (1).

La portion du revenu d'un majorat qui est en actions de la Banque, est soumise à une retenue annuelle d'un dixième, qui est successivement, chaque année, remplacée en actions de la Banque, au profit du titulaire du majorat et des appelés après lui. Ces actions sont également immobilisées.

Les actions appartenant aux gouverneur et sous-gouverneurs de la Banque sont inaliénables pendant la durée de leurs fonctions (2).

La Banque n'admet à l'éscompte que du papier à trois signatures, mais le transfert pur et simple des actions à la Banque équivaut à la troisième signature.

Les actions transférées garantissent à la

---

(1) Décret du 1er mars 1808.

(2) Art. 28 du décret du 16 janvier 1808.

Banque le recouvrement des effets escomptés (1).

Règle pour évaluer l'intérêt que rapporte une action de la Banque d'après le prix auquel on l'a achetée, le dividende pour le semestre échu étant connu.

Dites : le prix que coûte une action est au semestre échu comme deux cents est au taux de l'intérêt.

EXEMPLE

Soit { 1415 fr. le prix de l'action
36.50 le dividende.

$$1415 : 36.50 :: 200 : x = \frac{36.50 \times 200}{1415} = \frac{7300}{1415}$$
$$= 5{,}16 = 5 \tfrac{4}{25} \text{ résultat.}$$

De cette proportion l'on déduit la règle générale suivante : multipliez par 200 le dividende fixé pour le semestre, et divisez par le prix que vous coûte l'action.

(1) Art. V, § 1er des Statuts de la Banque, du 25 vendémiaire an 12.

OBLIGATIONS DE LA VILLE DE PARIS.

L'administration municipale de Paris s'étant trouvée dans la nécessité d'émettre des valeurs négociables sur la place, afin de se procurer les fonds dont elle avait besoin, tant pour faire face aux dépenses occasionnées par l'occupation militaire en 1815, que pour celles qui ont été la suite de l'intempérie des saisons en 1816, elle fut d'abord autorisée à créer et aliéner quinze cent mille francs de rente perpétuelle, dont le produit devait être employé à liquider sa dette; mais l'aliénation de ces quinze cent mille francs de rente n'ayant été consommée que pour une très faible partie, et l'administration municipale étant d'ailleurs convaincue de la difficulté qu'elle aurait de les racheter par la suite, reproposa un autre mode pour l'amortissement de sa dette : et comme l'adoption de ce nouveau mode d'amortissement procurait les ressources nécessaires pour faire terminer la construction des abattoirs et autres grands établis-

TABLEAU du détail de l'amortissement de 33000 Obligations, et des Primes qui leur sont affectées au moment du remboursement.

DATES.	NUMÉROS des tirages.	NOMBRE des Obligations amorties.	DÉSIGNATION DES PRIMES.										TOTAL des Primes par tirage.
1er Octobre 1817.	1	523	1de20000	1de10000	1de5000	3de3000	4de2000	7de1000	1de 625	10de500	20de100	475de 5	69000
1er Janvier 1818.	2	530	1 20000	1 10000	1 5000	3 3000	4 2000	7 1000	1 485	10 500	30 100	472 5	69845
Avril.	3	537	1 20000	1 10000	1 3995	3 3000	4 2000	7 1000	10 500	30 100	480 10	» »	70795
Juillet.	4	544	1 20000	1 10000	1 4980	3 3000	4 2000	7 1000	10 500	30 100	487 10	» »	71850
Octobre.	5	551	1 24000	1 12000	1 6525	2 3000	2 2000	5 1000	10 500	30 100	499 15	» »	73010
1er Janvier 1819.	6	558	1 24000	1 12000	1 6000	2 3000	2 2000	1 1700	5 1000	10 500	30 100	505 15	74275
Avril.	7	565	1 24000	1 12000	1 6000	2 3000	2 2000	5 1000	10 500	1 405	30 100	512 20	75645
Juillet.	8	572	1 24000	1 12000	1 6000	2 3000	2 2000	5 1000	1 940	10 500	40 100	509 20	77120
Octobre.	9	579	1 25000	1 12000	1 6000	1 4000	1 1750	2 2000	4 1000	10 500	40 100	518 25	78700
1er Janvier 1820.	10	586	1 25000	1 12000	1 6000	1 4000	1 1635	2 1500	4 1000	10 500	40 100	525 30	80385
Avril.	11	593	1 25000	1 12000	1 6000	1 4000	1 2515	2 1500	4 1000	10 500	50 100	522 30	82175
Juillet.	12	600	1 25000	1 12000	1 6000	1 4000	1 555	2 2000	4 1000	10 500	50 100	529 35	84070
Octobre.	13	607	1 30000	1 12000	1 6000	1 3000	1 310	2 1500	4 1000	10 400	50 100	536 35	86070
1er Janvier 1821.	14	614	1 30000	1 12000	1 6000	1 3000	1 455	2 2500	4 1000	10 300	50 100	543 40	88175
Avril.	15	621	1 30000	1 12000	1 6000	1 3000	1 635	2 1500	4 1000	10 200	50 100	550 45	90385
Juillet.	16	628	1 30000	1 12000	1 6000	1 3000	1 1635	2 2000	4 1000	10 200	50 100	557 45	92700
Octobre.	17	635	1 32000	1 12000	1 6000	1 3000	1 420	2 1500	4 1000	10 150	50 100	564 50	95120
1er Janvier 1822.	18	642	1 32000	1 12000	1 6000	1 3000	1 895	2 2000	4 1000	10 200	50 100	571 50	97645
Avril.	19	649	1 32000	1 12000	1 6000	1 3000	1 1485	2 1500	4 1000	10 200	50 100	578 55	100275
Juillet.	20	656	1 32000	1 12000	1 6000	1 3000	1 910	2 1500	4 1000	10 200	50 100	585 60	103010
Octobre.	21	663	1 35000	1 12000	1 6000	1 3000	1 330	2 1500	4 1000	10 200	50 100	592 60	105850
1er Janvier 1823.	22	670	1 35000	1 12000	1 6000	1 3000	1 360	2 1500	4 1000	10 150	50 100	599 65	108795
Avril.	23	677	1 35000	1 12000	1 5000	1 3000	1 925	2 1500	4 1000	10 150	50 100	606 70	111845
Juillet.	24	684	1 35000	1 12000	1 5000	1 3000	1 525	2 1500	4 1000	10 150	50 100	613 75	115000
Octobre.	25	691	1 36000	1 12000	1 5000	1 4000	1 760	2 1500	4 1000	10 200	50 100	620 75	118260
1er Janvier 1824.	26	698	1 36000	1 12000	1 5000	1 4000	1 465	2 1500	4 1000	10 200	50 100	627 80	121625
Avril.	27	705	1 36000	1 12000	1 5000	1 4000	1 205	2 1500	4 1000	10 200	50 100	634 85	125095
Juillet.	28	712	1 36000	1 12000	1 5000	1 3000	1 980	2 1500	4 1000	10 200	50 100	641 90	128670
Octobre.	29	719	1 40000	1 12000	1 4000	1 3000	1 1040	5 1000	10 200	40 150	659 90	» »	132350
1er Janvier 1825.	30	726	1 40000	1 12000	1 4000	1 3000	1 855	5 1000	10 200	40 150	666 95	» »	136125
Avril.	31	733	1 40000	1 12000	1 4000	1 3000	1 725	5 1000	10 200	40 150	673 100	» »	140025
Juillet.	32	740	1 40000	1 12000	1 4000	1 3000	1 620	5 1000	10 200	40 150	680 105	» »	144020
Octobre.	33	747	1 42000	1 12000	1 4000	1 2000	1 550	5 800	10 200	40 150	687 110	» »	148120
1er Janvier 1826.	34	754	1 42000	1 12000	1 5000	1 3000	1 985	5 1000	10 290	40 150	694 110	» »	152325
Avril.	35	761	1 42000	1 12000	1 5000	1 3000	1 1020	5 1000	10 200	40 150	701 115	» »	156635
Juillet.	36	768	1 42000	1 12000	1 5000	1 3000	1 1090	5 1000	10 200	40 150	708 120	» »	161050
Octobre.	37	775	1 45000	1 12000	1 4000	1 2000	1 695	5 800	50 170	715 125	» »	» »	165570
1er Janvier 1827.	38	782	1 45000	1 12000	1 4000	1 2000	1 835	5 800	50 170	722 130	» »	» »	170195
Avril.	39	789	1 45000	1 12000	1 4000	1 2000	1 1010	5 800	50 170	729 135	» »	» »	174925
Juillet.	40	796	1 45000	1 12000	1 4000	1 2000	1 720	5 600	50 200	736 140	» »	» »	179760
Octobre.	41	803	1 48000	1 10000	1 3000	1 2000	1 965	5 600	50 200	743 145	» »	» »	184700
1er Janvier 1828.	42	810	1 48000	1 10000	1 3000	1 2000	1 1245	5 600	50 200	750 150	» »	» »	189745
Avril.	43	817	1 48000	1 10000	1 3000	1 2000	1 510	5 500	40 250	767 155	» »	» »	194895
Juillet.	44	824	1 48000	1 10000	1 3000	1 2000	1 810	5 500	40 250	774 160	» »	» »	200150
Octobre.	45	831	1 50000	1 8000	1 4000	1 1500	1 495	5 400	30 300	791 165	» »	» »	205510
1er Janvier 1829.	46	838	1 50000	1 8000	1 4000	1 1500	1 815	5 400	30 300	798 170	» »	» »	210975
Avril.	47	845	1 50000	1 8000	1 4000	1 1500	1 1170	5 400	30 300	805 175	» »	» »	216545
Juillet.	48	852	1 50000	1 8000	1 4000	1 1500	1 1060	5 500	30 300	812 180	» »	» »	22222[illegible]
									Total général des Primes.........				608123[illegible]

Des Fonds publics en France, par J. BRESSON, 4e édition, page 71.

semens d'utilité publique que le défaut de fonds n'avait pas alors permis d'achever, la ville de Paris fut autorisée à créer 33 000 obligations au porteur, de 1000 fr. chacune, formant la somme de 33 000 000 de francs remboursables dans l'espace de douze années, à compter du 1er octobre 1817 jusqu'au 1er juillet 1829 (1).

Ces obligations jouissent d'un intérêt de six pour cent, payable de trimestre en trimestre, jusqu'à remboursement du capital.

Un mois avant l'ouverture de chaque trimestre, il s'est fait à l'Hôtel-de-ville, en présence du préfet de la Seine et de diverses autres autorités, un tirage des numéros des obligations qui doivent être remboursées; ces numéros jouissent d'une prime dont la quotité est établie par le sort dans la proportion fixée par le tableau ci-joint.

Le paiement des intérêts de chaque obligation, et le remboursement en capital et primes affectées à chaque obligation sortie,

(1) Ordonnance du Roi du 14 mai 1817.

ont lieu à compter du 1er jour de chaque trimestre à la Caisse municipale, rue d'Anjou-Saint-Honoré, n° 11.

MM. Hentsch, Blanc et compagnie, banquiers, rue Basse-du-Rempart, n° 40, assurent les obligations ; c'est-à-dire que, si une obligation portant tel numéro venait à sortir au prochain tirage avec une basse prime, ils s'engagent, moyennant une rétribution déterminée, à échanger l'obligation sortie contre une autre dont le numéro est encore dans la roue.

RENTES SUR LA VILLE DE PARIS.

1 500 000 fr. de rentes perpétuelles au denier vingt, furent créées pour acquitter la dette de la ville de Paris (1); mais, comme nous l'avons observé page 70, le Conseil municipal a trouvé plus convenable d'émettre des obligations au porteur avec des époques fixes pour le remboursement. Sur

(1) Ordonnances du Roi des 13 septembre, 4 octobre 1815, et 15 janvier 1817.

les 1 500 000 fr. de rentes de la ville, 1 288 000 non négociés sont déposés à la Caisse d'amortissement, pour garantie du paiement des obligations de la ville (1), et les 212 000 fr. restans sont en circulation (2).

Ces rentes sont au porteur et divisées en coupons de 250 fr. Le paiement des arrérages en est effectué tous les six mois au 1er janvier et au 1er juillet, à la Caisse municipal, rue d'Anjou, n° 11, faubourg Saint-Honoré, sur la représentation du coupon de rente et sur la remise de la quittance du porteur, laquelle doit être préalablement signée par le contrôleur des rentes. Ces quittances

(1) Dans le cas où, par une circonstance imprévue, l'acquit des obligations ne s'effectuerait pas exactement, alors la Caisse d'amortissement seule est autorisée à négocier de suite les rentes déposées jusqu'à concurrence des sommes en souffrance, et à faire, pour le remboursement de ces sommes, l'emploi du prix de cette négociation : (Traité annexé à l'ordonnance du Roi du 14 mai 1817.)

(2) Budjet de la ville de Paris.

sont délivrées gratis à l'Hôtel-de-Ville, où il faut d'abord se présenter pour qu'il soit procédé au contrôle desdits coupons.

Depuis, la ville de Paris a été autorisée (1) à créer 400 000 fr. de rentes et à les négocier avec publicité et concurrence, dans la proportion des besoins, pour acquitter :

1°. La valeur des propriétés à acquérir sur la ligne du canal Saint-Martin :

2°. Le prix des travaux nécessaires à l'ouverture et à la confection de ce canal.

Chaque année, il sera porté au budjet de la ville de Paris, et prélevé sur les revenus, outre les arrérages des rentes, un fonds annuel d'amortissement de 200 000 fr. au moins, pour être affecté au remboursement tant desdits 400 000 fr. de rentes que de celles précédemment créées (2). Ce fonds d'amortissement s'accroîtra des arrérages des rentes rachetées.

---

(1) Loi du 5 août 1821. — Délibération du Conseil municipal du 7 juin 1821.

(2) En vertu de l'ordonnance royale du 13 septembre 1815.

ACTIONS DES PONTS.

Les actions des ponts, au nombre de 3 780, ont été émises par l'association des trois ponts sur la Seine, savoir : le pont des Arts, le pont du Jardin des Plantes, et le pont de la Cité (1). Ces actions sont au porteur ; leur valeur nominale est de 1 000 fr. ; elles jouissent d'un dividende qui est fixé tous les trois mois par les assemblées générales des intéressés.

Le dividende se compose de la totalité des recettes moins $\frac{1}{30}$, que l'on retient (depuis 1811). Ce trentième se subdivise de la manière suivante : un tiers est affecté aux frais d'entretien des ponts et d'administration, et les deux autres tiers sont cumulés d'année en année, et forment un capital destiné à rembourser la valeur nominale de chaque action au 30 juin 1897, époque

(1) Loi du 24 ventôse an 9. — Arrêté du 4 thermidor an 10.

à laquelle finit le péage qui a été concédé à l'association.

Ce dividende est payé par trimestre, sur la présentation du titre, au 1er janvier, avril, juillet et octobre de chaque année, à la Caisse de l'administration, rue du Bouloy, n° 26.

ACTIONS DU CANAL DU MIDI ET DES CANAUX D'ORLÉANS ET DU LOING.

La propriété des canaux du Midi, d'Orléans et du Loing, a été cédée au domaine extraordinaire (1) et divisée de la manière suivante, savoir : 1 000 actions de 10 000 fr. chaque, appartenant au canal du Midi, et 1 400 actions également de 10 000 fr. chaque, appartenant aux canaux d'Orléans et du Loing.

Les actionnaires sur ces canaux sont réunis en société sous le nom de *Compagnie*

---

(1) Acte du 28 février 1810. — Décret du 21 mars 1808, 17 mai et 10 août 1809. — Loi du 23 décembre 1809.

du canal du Midi et de *Compagnie des canaux d'Orléans et du Loing.*

Tout appel de fonds sur les actionnaires est prohibé.

Les actions sont de deux espèces ; les unes sont immobilisées, comme étant affectées à des dotations ; les autres sont libres et négociables. La négociation de celles-ci se fait par un simple endossement certifié par un agent de change (1) et mis au dos de l'action particulière délivrée à cet effet.

Les actions de la compagnie du canal du Midi et de la compagnie des canaux d'Orléans et du Loing, pour leur immobilisation, leur inaliénabilité, leur disposition et jouissance, sont assimilées en tout aux actions de la Banque de France (2).

Les actions immobilisées peuvent s'échanger contre des actions libres, en remplissant, par les titulaires, les formalités voulues par les statuts sur les majorats, et

(1) Décret du 30 août 1811.

(2) Décret du 16 mars 1810.

les actions libres peuvent devenir immobilières et être réaffectées à une dotation ou majorat.

Tous les six mois, c'est-à-dire en janvier et en juillet de chaque année, il est payé un intérêt annuel de cinq pour cent.

Le dividende n'est définitivement réglé que tous les ans dans le courant de mai, par l'assemblée générale, représentée par trente des plus forts actionnaires; un dixième des bénéfices est mis en réserve : il entre en accroissement de chaque action, pour devenir comme elle la propriété de l'actionnaire, et peut cependant être employé en dépenses imprévues, s'il y a lieu; le surplus du dividende est payé à vue, à l'Administration générale, rue neuve des Mathurins n.° 24.

ACTIONS DE LA COMPAGNIE ROYALE D'ASSURANCES MARITIMES.

Le capital de cette société est fixé à 10 000 000 de fr., divisés en 2 000 actions de 5 000 fr. chacune. Les actionnaires souscrivent l'obligation de verser, s'il y a lieu, jusqu'à concurrence du montant de leurs actions; l'obligation indique un domicile à Paris. Les obligations sont garanties, pour chaque action, par un transfert, au nom de la Compagnie, de cent francs de rentes, cinq pour cent consolidés.

Les actionnaires ne sont responsables des engagemens de la Compagnie que jusqu'à la concurrence du montant de leurs actions.

Ces actions sont représentées par une inscription nominale sur les registres de la Société; il n'y a point d'actions au porteur.

Il ne peut être admis d'actionnaire que par délibération du Conseil d'administration de la compagnie, au scrutin secret, et à la majorité des trois quarts des votans; néanmoins ne sont point soumis au scrutin d'admission ceux qui transfèrent, en garantie de l'obligation, une somme de rentes ou autres fonds publics français, équivalente au montant de leurs actions.

Les arrérages de rentes, ainsi que les arrérages, intérêts ou dividendes des autres fonds publics, transférés en garantie du paiement, des actions, sont répartis aux actionnaires immédiatement après qu'ils ont été perçus.

La transmission des actions s'opère par de simples transferts sur des registres doubles tenus à cet effet. Elles sont valablement transférées par la déclaration du propriétaire ou de son fondé de pouvoir, signée sur les registres et certifiée par un administrateur. La certification mentionne l'arrêté d'admission.

Les bénéfices annuels résultans d'un inventaire réglé au 31 décembre de chaque année sont répartis comme il suit : le quart au moins, et la moitié au plus, est mis en réserve, en accroissement du capital, jusqu'à ce que le montant de cette réserve ait atteint la somme de 2 500 000 fr. Alors l'excédant des bénéfices sera réparti aux actionnaires.

Lorsque les bénéfices réservés auront atteint la somme fixée ci-dessus, la réserve sur les bénéfices annuels ne pourra excéder le quart, ni être au-dessous du huitième des bénéfices. L'excédant sera réparti aux actionnaires (1).

ACTIONS DE LA COMPAGNIE ROYALE D'ASSURANCES CONTRE L'INCENDIE.

Le capital de cette société est fixé à 10 000 000 de francs, divisés en deux mille actions de 5 000 francs chacune. Ces actions sont entièrement semblables à celles de la Compagnie royale d'assurances maritimes dont nous avons parlé ci-dessus, à l'exception que les obligations pour chaque action sont garanties par un transfert, au nom de la Compagnie, de cinquante francs de rentes, cinq pour cent consolidés (2).

Les bénéfices résultans des inventaires faits chaque année au 31 décembre, seront

(1) Ordonnance du Roi du 11 février 1820. — Actes des 25 janvier et 2 février, annexés à ladite ordonnance.

(2) Au lieu de cent francs de rente exigés pour chaque action de la Compagnie royale d'assurances maritimes.

répartis entre les actionnaires et les assurés, dans les proportions qui seront réglées par le Conseil d'administration, qui déterminera l'époque où la première répartition sera faite.

La part des bénéfices à répartir aux intéressés ne pourra, en aucun cas, être au-dessous du tiers ni au-dessus de la moitié.

Sur la part des bénéfices dévolue aux actionnaires, le quart au moins, et la moitié au plus, sera mis en réserve en accroissement du capital; le surplus sera réparti aux actionnaires. Lorsque les bénéfices réservés s'élèveront à un million de francs, la réserve annuelle pourra être au-dessous du quart des bénéfices, jusqu'au huitième; l'excédant sera réparti aux actionnaires (1).

ACTIONS DE LA COMPAGNIE ROYALE D'ASSURANCES SUR LA VIE.

Le capital de cette compagnie fut d'abord

(1) Ordonnance du Roi du 11 février 1820. — Actes des 25 janvier et 2 février 1820, annexés à ladite ordonnance.

fixé à 30 000 000 de francs divisés en six mille actions de 5 000 francs chacune ; mais, depuis, la Compagnie a été autorisée, par une ordonnance royale et du consentement des actionnaires actuels, à ajourner l'émission de la moitié de ses actions capitales, parcequ'en faisant l'ouverture desdites assurances avec la mise de 15 000 000 de fr., il se passera plusieurs années, non-seulement avant que la proportion que l'on s'est proposé de mettre entre les garanties offertes au public et les valeurs que les particuliers pourront confier à la compagnie, soit dépassée, mais même avant que la somme desdites valeurs égale le capital réellement mis en caisse ; d'où il résulte que la Compagnie a limité à trois mille l'émission de ses actions de 5 000 francs, en se réservant de déterminer l'époque où le capital de 30 000 000 de francs, sera complété par l'émission de la seconde moitié des actions, aussitôt que le développement des opérations de la compagnie en pourra rendre utile la garantie ; néanmoins cette seconde émission ne pourra avoir lieu sans une nouvelle ordonnance du Roi (1).

Les actions de la Compagnie royale d'assurances sur la vie sont absolument semblables à celles de la Compagnie royale d'assurances contre l'incendie.

Chaque année, au 31 décembre, les bénéfices résultans des inventaires seront répartis entre les actionnaires, et les assurés et intéressés, dans les proportions qui seront réglées par le Conseil d'administration. La part des bénéfices à répartir aux intéressés ne pourra, dans aucun cas, être au-dessous de la moitié.

Sur la part dévolue aux actionnaires, le quart au moins, et la moitié au plus, sera mis en réserve en accroissement du capital, jusqu'à ce que le montant de cette réserve ait atteint la somme d'un million de francs.

L'excédant des bénéfices sera réparti aux

---

(1) Ordonnance du Roi du 31 janvier 1821. — Actes des 6, 13 et 14 décembre 1820, annexé à ladite ordonnance.

actionnaires. Lorsque les bénéfises réservés auront atteint la somme fixée ci-dessus, la réserve sur les bénéfices annuels ne pourra excéder le quart, ni être au-dessous du huitième des bénéfices afférens aux actionnaires; l'excédant leur sera réparti.

Il ne pourra être fait de répartition de bénéfices pendant les deux premières années, et le Conseil d'administration pourra, s'il le juge nécessaire, différer la répartition des bénéfices pendant une ou plusieurs années (1).

ACTIONS DE LA COMPAGNIE D'ASSURANCES GÉNÉRALES MARITIMES.

Le capital de cette société est de 5 000 000 de francs, spécialement et uniquement affectés aux assurances maritimes ordinaires, et ceux de guerre survenante, ainsi que

(1) Ordonnance du Roi du 11 février 1820. — Actes des 25 janvier et 2 février 1820, et règlemens généraux de ladite Compagnie.

risques de navigation intérieure et de transports par terre. Ces 5 000 000 sont fournis par trois cents actions de 12,500 francs l'une, et par mille de 1 250 francs l'une.

Les actions de 12 500 francs sont au nom des propriétaires ; elle ne peuvent être transférées qu'avec l'agrément du Conseil d'administration. Le cinquième desdites actions est payé au moment de leur délivrance, au choix de l'actionnaire, en argent ou en dépôt d'effets publics, transférés au nom de la société ; les autres quatre cinquièmes peuvent être fournis en obligation directes non négociables, payables à la Compagnie à présentation.

Les actionnaires étrangers qui n'ont pas en France un domicile fixe ou des propriétés immobilières suffisantes doivent déposer, en effets puplics transférés au nom de la société, le prix total de leurs actions.

Les actions de 1 250 francs sont au porteur, et payées argent comptant.

Les propriétaires d'actions nominatives

ont en tout temps la faculté d'en acquitter plus d'un cinquième ; mais les intérêts revenant à ces paiemens ne courent qu'à compter de l'ouverture du semestre qui suit immédiatement lesdits paiemens.

Si, dans le cours d'un semestre, le propriétaire d'actions nominatives veut convertir en un dépôt d'effets publics le paiement du cinquième qu'il a fait en numéraire, il en a la faculté; mais il ne lui est tenu compte d'aucun intérêt pour le temps couru pendant ce semestre.

Les actionnaires nominatifs, ainsi que les propriétaires d'actions au porteur, conformément à l'article 33 du code de Commerce, ne sont passibles que de la perte du montant de leurs actions.

Chaque semestre, un intérêt de $2\frac{1}{2}$ pour $\frac{o}{o}$ est prélevé sur les bénéfices acquis en faveur des actions au porteur, et des portions d'actions nominatives qui ont été payées comptant. Il n'est point dû d'intérêts sur les effets publics reçus en dépôt : les dividendes et arrérages qui résultent de ces effets appartiennent toujours à leurs propriétaires, et leur sont remis aussitôt qu'ils sont reçus.

Après le prélèvement des intérêts susdits, le huitième des bénéfices nets acquis par l'extinction des risques qui les auront produits, sera prélevé, et formera un fonds de réserve au profit de la société.

Sur les sept autres huitièmes du bénéfice, il est pris à la fin de chaque année, en cumulant ou en compensant les bénéfices ou les pertes des deux semestres, 2 pour $\frac{0}{0}$, qui sont employés par le Conseil d'administration en actes de bienfaisance.

Ces prélèvemens faits, le résultat des bénéfices nets est réparti au centime le franc entre les actions au porteur et les actions nominatives; mais le contingent qui revient à la portion des actions nominatives qui n'aura pas été payée comptant ou déposée en effets publics, au lieu d'être touché par les actionnaires, sera porté à leur crédit : leurs engagemens seront déduits d'autant, et cet article de crédit, considéré comme argent reçu, vaudra, les semestres suivans, intérêts aux propriétaires (1).

ACTIONS DE LA COMPAGNIE D'ASSURANCES GÉNÉRALES CONTRE L'INCENDIE.

Le capital de cette société est de 2 000 000 de francs ; il est fourni par trois cents actions de 5 000 fr. l'une, et par mille actions de 500 fr. l'une.

Les actions de 5 000 fr. sont au nom des propriétaires ; elles ne peuvent être transférées qu'avec l'agrément du Conseil d'administration. Le cinquième desdites actions est payé au moment de leur délivrance, au choix de l'actionnaire, en argent ou en dépôt d'effets publics, transférés au nom de la société ; les quatres autres cinquièmes peuvent être fournis en obligations directes non négociables, payables à la Compagnie à présentation.

---

(1) Ordonnances du Roi des 22 avril et 2 septembre 1818. — Acte social et statuts de ladite Compagnie.

Les actions de 500 fr. sont au porteur, et payées argent comptant.

Chaque semestre, un intérêt de $2\frac{1}{2}$ pour $\frac{o}{o}$ est prélevé sur les bénéfices acquis en faveur des actions au porteur, et des portions d'actions nominatives qui ont été payées comptant. Il n'est pas dû d'intérêts sur les effets publics reçus en dépôt; les dividendes et arrérages qui résultent de ces effets appartiennent toujours à leurs propriétaires, et leur sont remis aussitôt qu'ils sont reçus.

Après le prélèvement des intérêts susdits, la moitié des bénéfices nets, acquis par l'extinction des risques qui les ont produits, est prélevée pour former un fonds de réserve au profit de la société.

Lorsque ce fonds de réserve aura porté le capital de la société à trois millions, il ne sera plus prélevé qu'un quart; et lorsqu'il aura été porté à quatre millions, il ne sera plus prélevé qu'un huitième des bénéfices nets au profit de la société.

Sur les bénéfices qui restent après ces prélèvemens, il est pris, à la fin de chaque année, en cumulant ou compensant les bénéfices ou les pertes de deux semestres, deux pour $\frac{0}{0}$, qui sont employés par le Conseil d'administration en actes de bienfaisance.

Ces prélèvemens faits, le résultat des bénéfices nets est réparti au centime le franc entre les actions au porteur et les actions nominatives, en suivant la même marche que celle indiquée ci-dessus pour les actions de la Compagnie d'assurances générales maritimes (1).

ACTIONS DE LA COMPAGNIE D'ASSURANCES GÉNÉRALES SUR LA VIE DES HOMMES.

Le capital de cette Compagnie est de 3 000 000 de fr.; il est formé par trois cents actions de 7 500 fr. l'une, et par mille actions de 750 fr. l'une. Les actions de 7,500 f. sont au nom des propriétaires, et elles ne peuvent être transférées qu'avec l'agrément

(1) Ordonnances du Roi des 14 février et 20 octobre 1819. — Actes des 10 août et 28 décembre 1818.

du Conseil d'administration ; et cet agrément constitue la parfaite libération de l'actionnaire cédant, et les nouvelles obligations du cessionnaire.

Le cinquième desdites actions est payé, au moment de leur délivrance, au choix de l'actionnaire, en argent ou en dépôt d'effets publics, transférés au nom de la Compagnie ; les autres quatre cinquièmes peuvent être fournis en obligations directes payables à la Compagnie à présentation ; mais ces obligations devront être entièrement acquittées et effectivement réalisées dans la caisse de la société, au plus tard dans le terme de cinq ans, à compter du 22 décembre 1819, jour que la Compagnie a été autorisée par une ordonnance royale.

Les actions de 750 fr. sont au porteur, et payées argent comptant.

Chaque semestre, un intérêt de 2 ½ pour % est prélevé sur les bénéfices acquis, et subsidiairement sur le capital social, en faveur des actions au porteur et des portions d'actions nominatives qui ont été payée scomptant

Il n'est pas dû d'intérêts sur les effets publics reçus en dépôt; les dividendes et arrérages qui résultent de ces effets appartiennent toujours à leurs propriétaires, et leur sont remis aussitôt qu'ils sont reçus.

Après le prélèvement des intérêts susdits, si les bénéfices nets, acquis, s'élèvent à 2 pour % du capital primitif ou au-dessus, la moitié desdits bénéfices est prélevée, et forme un fonds de réserve au profit de la société. Lorsque ce fonds de réserve aura porté le capital de la société à 4 000 000, il ne sera plus prélevé qu'un quart; lorsqu'il aura été porté à 5 000 000, il ne sera plus prélevé qu'un huitième de bénéfices nets, au profit de la société.

Sur les bénéfices qui restent après ces prélèvemens il est pris, à la fin de chaque année, en cumulant ou compensant les bénéfices ou les pertes des deux semestres, 2 pour cent, qui sont employés par le Conseil d'administration en actes de bienfaisance.

Ces prélèvemens faits, le résultat des bénéfices nets est réparti au centime le franc entre les actions au porteur et les actions nominatives, en suivant la même marche que celle indiquée ci-dessus pour les actions de la compagnie d'assurances générales maritimes.

Si les bénéfices nets, acquis pendant le premier semestre, ne s'élèvent pas à 2 pour cent, il ne sera fait de répartition qu'à la fin de celui des semestres suivans, où ces 2 pour cent seront réalisés (1).

ACTIONS DE LA COMPAGNIE COMMERCIALE D'ASSURANCES.

La Compagnie commerciale d'assurances assure les risques de mer, et ceux de navigation intérieure et de transport par terre. Elle se proposait aussi d'assurer les risques d'incendie, pour la ville de Paris seulement. Dans cette intention, la Compagnie avait porté son capital à 6 000 000 de francs, qui ont été fournis par 600 actions nomi-

(1) Ordonnance du Roi du 22 décembre 1819, — Acte social et règlement de ladite Compagnie.

natives de 8 000 fr. l'une, et 1 200 actions au porteur de 1 000 fr. l'une; mais la société, ayant renoncé à embrasser l'assurance contre l'incendie, a réduit son capital à la somme de 4 000 000 fr.; les 2 000 000 de fr. restans ont été rendus aux actionnaires, dans la même nature de valeur que chacun d'eux avait versée lorsque cette somme s'est trouvée disponible par l'extinction des risques auxquels elle avait été affectée jusqu'au 29 février 1820, jour où, par une ordonnance royale, la Compagnie a été autorisée à diminuer son capital.

Il suit de là que les actions qui étaient primitivement de 8 000 fr. et de 1 000 fr. ont été réduites, savoir: celles de 8 000 f. à 5 333 fr. 32 c. et celles de 1 000 fr. à 666 fr. 66 cent., ainsi que l'indique une estampille placée au dos de chacune d'elles.

Les actions au porteur sont payées en entier en numéraire. Les actions nominatives sont payées un quart en numéraire, au moment de la délivrance de l'action, et trois quarts en obligations du titulaire en faveur de la Compagnie, payables à cinq jours de vue. La portion en numéraire à fournir pour les actions nominatives peut être remplacée par un dépôt d'effets publics; mais le Conseil d'administration a toujours le droit de demander que les dépôts de ces effets publics soient retirés, et que les sommes dont ils tiennent lieu soient versées en numéraire dans la caisse de la Compagnie.

Tout actionnaire peut à volonté acquitter en numéraire une ou plusieurs des obligations par lui souscrites pour les trois quarts, ainsi que libérer par un versement en numéraire ses dépôts d'effets publics; mais les intérêts ne courent à son profit qu'à dater de l'inventaire du semestre qui suit le versement.

Nul propriétaire d'actions nominatives, ne peut les céder, vendre ni transférer sans l'agrément du Conseil d'administration.

Ces actions jouissent d'un dividende qui est fixé tous les six mois, et réparti comme il suit:

Aux Actions nominatives.

1°. L'intérêt acquis, à raison de cinq pour cent seulement sur la somme versée en numéraire ;

2°. La totalité du bénéfice acquis à chaque action nominative, après la déduction de la retenue délibérée par l'assemblée générale. Cette retenue vient au crédit de l'action nominative non soldée en numéraire, et en réduction des obligations y relatives; elle porte intérêt à compter du semestre suivant. Les obligations qui sont soldées par cette retenue, sont rendues aux souscripteurs. Les actions nominatives entièrement soldées en numéraire ne seront plus assujetties à aucune retenue.

Aux Actions au porteur.

1°. L'intérêt acquis, à raison de cinq pour cent, sur leur capital versé en entier en numéraire ;

2°. La totalité du bénéfice, au *prorata*

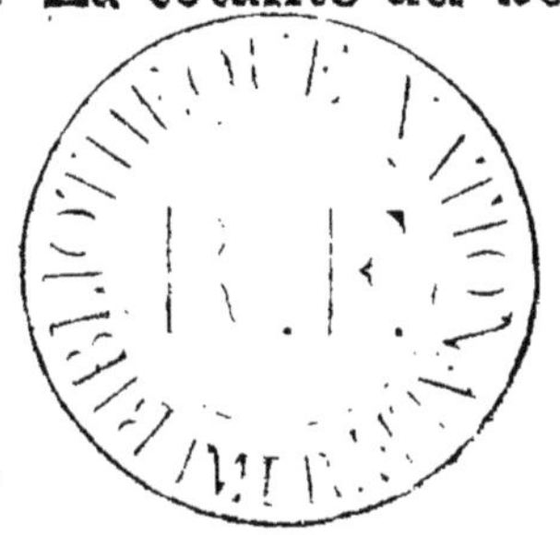

de l'action nominative et sans aucune retenue (1).

ACTIONS DE LA COMPAGNIE FRANÇAISE DU PHÉNIX.

Le but de la Compagnie française du Phénix est d'assurer toutes les valeurs périssables par l'incendie. Son capital primitif a été fixé à 400 000 fr. en numéraire, et 180 000 fr. de rentes sur le Grand-Livre de la dette publique. Ce capital est divisé en actions au porteur de 100 fr. numéraire et 45 fr. de rentes, et forme la première série. La compagnie se réserve et promet de porter son capital jusqu'à 1 080 000 fr. de rentes et 2 400 000 fr. d'espèces; ce qui doit avoir lieu par cinq nouvelles séries de 4 000 actions chacune, de même espèce et valeur que les premières. Il n'y a encore qu'une série d'établie; la seconde le sera

(1) Ordonnance du Roi du 22 avril 1818. — Statuts et règlemens de ladite compagnie.

lorsque le fond des réserve prélevé sur les bénéfices, sera porté à 200 000 fr.

Les actions, quoiqu'au porteur, peuvent être rendues transférables; il est ouvert, à cet effet, un registre à la direction générale, rue Neuve-des-Capucines, n° 13.

Ces actions jouissent d'un dividende qui est arrêté et payé tous les six mois. Ce dividende se compose de la totalité des bénéfices, moins un quart, qui est mis en réserve et employé en inscriptions sur le Grand-Livre. Il n'y aurait lieu à aucun dividende, si, après avoir épuisé la réserve, le capital de la compagnie se trouvait entamé; car, dans ce cas, tous les bénéfices devront être réservés pour remettre ledit capital au complet. S'il arrivait que par des malheurs successifs et réitérés, le capital de la compagnie fût réduit des trois quarts, et que les actionnaires ne voulussent pas le reconstituer de nouveau, elle se dissoudrait et suspendrait toute opération nouvelle. Dans ce cas, ce qui resterait du fond capital demeurerait la garantie des assurés jusqu'à l'extinction de la dernière police d'assurance.

Si la réserve produisait une somme de 3 000 000, elle serait réduite à un cinquième des bénéfices; et si elle produisait 12 000 000, elle cesserait entièrement.

Les rentes des actionnaires, c'est-à-dire les arrérages des inscriptions transmises à la compagnie, ne sont pas réputés bénéfices; ils sont payés intégralement, et par semestre, aux porteurs d'actions, sans frais de perception. Il en est de même des intérêts du dixième versé en numéraire, lesquels intérêts sont payés, chaque semestre, aux actionnaires, à six pour cent par année, en même temps que les arrérages d'inscription dont il vient d'être parlé (1).

OBLIGATIONS DE LA VILLE DE BORDEAUX.

La ville de Bordeaux ayant éprouvé de l'embarras dans ses finances et des obstacles

---

(1) Ordonnance du Roi du 1er septembre 1819. — Statuts de la Compagnie française du Phénix.

TABLEAU du détail de l'amortissement de 2129 Obligations, et des Primes qui leur sont affectées au moment du remboursement.

DATES.	NUMÉROS des tirages.	NOMBRE des Obligations amorties.	DÉSIGNATION DES PRIMES.				TOTAL des Primes par tirage.
1er Juin 1818.	1	70	1 à 1000	4 à 200	5 à 90	60 à 15	3150
1 Décembre.	2	70	1 1000	4 240	5 100	60 25	3960
1 Juin 1819.	3	75	1 1000	6 260	8 120	60 35	5620
1 Décembre.	4	75	1 1000	6 280	8 130	60 40	6120
1 Juin 1820.	5	80	1 1200	6 300	8 150	65 50	7450
1 Décembre.	6	80	1 1300	6 320	8 150	65 60	8320
1 Juin 1821.	7	85	1 1400	6 340	13 170	65 70	10200
1 Décembre.	8	85	1 1500	6 340	13 170	65 80	10950
1 Juin 1822.	9	90	1 1600	6 360	13 180	70 90	12400
1 Décembre.	10	90	1 1700	6 380	13 200	70 100	13580
1 Juin 1823.	11	90	1 1800	6 400	13 210	70 105	14280
1 Décembre.	12	90	1 1900	6 440	13 215	70 115	15385
1 Juin 1824.	13	95	1 2000	6 460	13 230	75 120	16750
1 Décembre.	14	95	1 2100	6 480	13 240	75 120	17475
1 Juin 1825.	15	95	1 2200	6 520	13 250	75 135	18695
1 Décembre.	16	95	1 2300	6 560	13 250	75 140	19410
1 Juin 1826.	17	95	1 2500	6 600	13 270	75 150	20860
1 Décembre.	18	95	1 2700	6 600	13 280	75 160	21940
1 Juin 1827.	19	95	1 2800	6 700	13 280	75 170	23390
1 Décembre.	20	95	1 3000	6 700	13 300	75 180	24600
1 Juin 1828.	21	95	1 3100	6 800	13 320	75 190	26310
1 Décembre.	22	95	1 3200	6 800	13 350	75 200	27550
1 Juin 1829.	23	95	1 3400	6 900	13 400	75 210	29750
1 Décembre.	24	104	1 3635	6 1000	12 460	85 220	33855
				Total général des Primes....			392000

Des Fonds publics en France, par J. BRESSON, 4e édition, page 101.

qui retardaient le remboursement de sa dette, elle fut autorisée (1) à créer 2129 obligations au porteur, de 1000 fr. chacune, formant la somme de 2 129 000 fr., remboursable dans l'espace de douze années, à partir du 1er juillet 1818. Ces obligations produisent un intérêt de six pour cent, payable de semestre en semestre, au 1er juillet et au 1er janvier de chaque année. Elles jouissent en outre d'une prime dont la quotité est déterminée par le sort, dans la proportion fixée par le tableau ci-joint.

Le remboursement des obligations et le paiement des primes ont lieu tous les six mois, par suite d'un tirage fait à l'hôtel-de-ville de Bordeaux, un mois avant l'ouverture de chaque semestre, en présence du préfet de la Gironde, du maire de la ville et de diverses autres autorités.

(1) Ordonnances du Roi des 29 octobre et 10 décembre 1817.

BONS ROYAUX,

autrement dits

BONS DE LA CAISSE DE SERVICE.

Pour faciliter les opérations du Trésor, la Caisse centrale et de service est autorisée à mettre en émission des valeurs, connues sous le nom de *Bons royaux*, ou *Bons de la Caisse de service:* la quantité en est illimitée; on en crée par autant d'ordonnances spéciales que le besoin le fait sentir; ces bons ont ordinairement 6, 9 ou 12 mois d'échéance; la négociation s'en fait à la Bourse par l'entremise des agens de change.

BILLETS DE LA CAISSE SYNDICALE DES BOULANGERS DE PARIS.

Pour assurer et faciliter le service de la Boulangerie de Paris, le conseil d'administration (1) de la Caisse syndicale des bou-

(1) Ce conseil est composé de M. le Préfet de la Seine, M. le Préfet de Police, un membre du conseil général du département, un des Maires de

langers est autorisé, par ordonnance du Roi, du 15 janvier 1817, à mettre en émission des valeurs appelées *billets de la Caisse syndicale des Boulangers*. Ces billets sont à des échéances indéterminées, et chacun de la somme de 1000 fr.

OBLIGATIONS D'ESPAGNE.

Création des Obligations d'Espagne.

Le Gouvernement espagnol, convaincu que le rétablissement de ses finances était un des premiers objets dont il eût à s'occuper après l'adoption du système constitutionnel, reconnut bientôt que sa situation n'était rien moins que désespérée, et que pour y mettre ordre et ranimer la confiance, il fallait employer tous les moyens qui étaient à sa disposition ; il voulut satisfaire aux besoins du Trésor, et assurer le remboursement de la dette, sans rien ajouter ni à

Paris, un Syndic des boulangers, et un Commissaire du Gouvernement.

l'importance ni à la quotité des charges publiques, auxquelles il fit même éprouver une légère réduction.

C'est en partant de ces principes que fut prononcée d'abord la séparation de la dette intérieure, et celle contractée au dehors au profit des étrangers. La dette intérieure fut rigoureusement appréciée et franchement livrée à la connaissance du public; on affecta à son extinction et à son remboursement les biens des couvens, proclamés par la loi *Domaines nationaux*. La dette extérieure fut reconnue, le gouvernement l'admit pour l'intégralité de son capital, et le paiement régulier et immédiat des intérêts en fut encore ordonné.

Enfin sur la proposition royale, sanctionnée par les Cortès, un emprunt a été ouvert pour couvrir un déficit qui n'aurait pas existé, si l'on eût préféré attendre du développement du nouvel ordre de choses l'accroissement naturel des ressources, plutôt que d'en comprimer l'élan par l'augmentation inutile des charges.

Après s'être prononcés ainsi, les Cortès invitèrent le gouvernement à écouter les offres des capitalistes. Différentes propositions furent faites et soumises par les ministres aux Cortès, qui autorisèrent le gouvernement, par leur décret du 12 octobre 1820, à consentir un emprunt dont cette assemblée détermina elle-même les bases.

Garantie du paiement des Obligations d'Espagne.

L'emprunt fut fixé à quinze millions de piastres fortes (1). Le capital et les intérêts sont garantis par toute la fortune publique, et spécialement par les produits de la contribution directe; la quotité de ces produits nécessaire au service des intérêts et au remboursement du capital prélevé chaque année, est versée à cet effet dans les caisses du crédit public, administration indépendante du Trésor, et dont les commissaires sont

(1) Ce qui fait 81 000 000 de francs, la piastre étant prise au change de 5 fr. 40 c.

nommés par la puissance législative. La durée de l'emprunt est fixée à 24 années ; il est remboursable par vingtième, d'année en année, le premier paiement devant commencer à la fin de la cinquième année (1825); enfin, le Gouvernement espagnol a reçu l'autorisation d'employer les fonds libres du Trésor au rachat de la nouvelle dette, afin d'en diminuer l'importance et de rapprocher les époques de son extinction.

En conséquence de ce décret, des pouvoirs spéciaux de Sa Majesté catholique, MM. Jacques Lafitte et compagnie, et MM. Ardoin Hubbard et compagnie, banquiers, à Paris, ont signé un traité et des conventions pour la cession de la totalité de l'emprunt, dont les conditions principales ont été définitivement réglées comme on le verra dans le chapitre ci-après.

Intérêts et remboursemens des Obligations d'Espagne.

L'emprunt de quinze millions de piastres, garanti comme il vient d'être dit, a été divisé en 150 mille obligations au *porteur* de 100 piastres fortes chacune.

Ces obligations portent un intérêt fixe de cinq pour cent (1), et deux pour cent d'excédant accordés par les Cortès, ont été répartis en 150 mille billets de prime (2), délivrés avec chaque obligation portant le même numéro, et ayant droit à des lots déterminés par le sort.

Les obligations portent la date du 1er no-

---

(1) Il est évident que les obligations d'Espagne produisant 5 pour % d'intérêt au pair, tant qu'elles seront au-dessous du pair, l'intérêt sera au-dessus de 5 pour % ; voyez d'ailleurs, page 114, la règle pour connaître leur intérêt, à quelque prix qu'elles soient.

(2) Ces 150 mille billets de prime produisent une somme de 4 350 000 piastres fortes, comme on peut le voir sur le tableau ci-après : lesdits 4 350 000 piastres font au change

de 5 fr. 40 c.	23 490 000 fr.
Si l'on ajoute	81 000 000
formant le montant des 150 mille obligations, on aura pour la totalité de l'emprunt d'Espagne	104 490 000 fr.

vembre 1820; le paiement des coupons d'intérêts et des billets de prime, divisé par semestres, se trouve fixé, pour les coupons d'intérêts, au 30 avril et au 30 octobre, et pour les billets de prime, au 1er mai et au 1er novembre de chaque année; le tirage des billets de prime a lieu trois mois avant l'époque fixée pour leur paiement; c'est-à-dire, le 1er février et le 1er août de chaque année, à partir de 1821 conformément au tableau ci-joint.

Le remboursement des obligations d'Espagne sera décidé par des tirages annuels, à raison de 7500 obligations par année, à partir de 1825, et successivement d'année en année jusqu'en 1849, époque de la liquidation totale de l'emprunt.

Le tirage des obligations, comme le tirage des billets de prime, précédera de trois mois l'époque de leur remboursement.

Sanction du traité de l'emprunt, et renseignemens divers.

Le traité signé le 6 novembre 1820 par le

Tirage des Primes.

Tableau des 48 tirages qui auront lieu tous les ans, le 1er Février et le 1er Août pendant l'espace de 24 années, et dont les Billets sortans seront payés le 1er Mai et le 1er Novembre de chaque année, représentant ensemble 150,000 Billets, et produisant une somme de 4,350,000 piastres effectives, divisés de la manière suivante :

Année 1821.

tirage du 1er semestre.		Piast. fortes	tirage du 2e semestre.		Piast. fortes
1	20,000	20,000	1	20,000	20,000
1	8,000	8,000	1	8,000	8,000
1	4,000	4,000	1	4,000	4,000
1	3,000	3,000	1	3,000	3,000
2	2,000	4,000	2	2,000	4,000
4	1,000	4,000	4	1,000	4,000
10	500	5,000	10	500	5,000
100	100	10,000	100	100	10,000
200	50	10,000	200	50	10,000
400	25	10,000	400	25	10,000
1,542	20	30,840	1,542	20	30,840
2,744	15	41,160	2,744	15	41,160
5,006		150,000	5,006		150,000

Année 1822.

tirage du 1er semestre.		Piast. fortes	tirage du 2e semestre.		Piast. fortes
1	20,000	20,000	1	20,000	20,000
1	8,000	8,000	1	8,000	8,000
1	4,000	4,000	1	4,000	4,000
1	3,000	3,000	1	3,000	3,000
2	2,000	4,000	2	2,000	4,000
4	1,000	4,000	4	1,000	4,000
10	500	5,000	10	500	5,000
100	100	10,000	100	100	10,000
200	50	10,000	200	50	10,000
400	25	10,000	400	25	10,000
1,542	20	30,840	1,542	20	30,840
2,744	15	41,160	2,744	15	41,160
5,006		150,000	5,006		150,000

Année 1823.

tirage du 1er semestre.		Piast. fortes	tirage du 2e semestre.		Piast. fortes
1	20,000	20,000	1	20,000	20,000
1	8,000	8,000	1	8,000	8,000
1	4,000	4,000	1	4,000	4,000
1	3,000	3,000	1	3,000	3,000
2	2,000	4,000	2	2,000	4,000
4	1,000	4,000	4	1,000	4,000
10	500	5,000	10	500	5,000
100	100	10,000	100	100	10,000
200	50	10,000	200	50	10,000
400	25	10,000	400	25	10,000
1,542	20	30,840	1,542	20	30,840
2,744	15	41,160	2,744	15	41,160
5,006		150,000	5,006		150,000

Année 1824.

tirage du 1er semestre.		Piast. fortes	tirage du 2e semestre.		Piast. fortes
1	20,000	20,000	1	20,000	20,000
1	8,000	8,000	1	8,000	8,000
1	4,000	4,000	1	4,000	4,000
1	3,000	3,000	1	3,000	3,000
2	2,000	4,000	2	2,000	4,000
4	1,000	4,000	4	1,000	4,000
10	500	5,000	10	500	5,000
100	100	10,000	100	100	10,000
200	50	10,000	200	50	10,000
400	25	10,000	400	25	10,000
1,542	20	30,840	1,542	20	30,840
2,744	15	41,160	2,744	15	41,160
5,006		150,000	5,006		150,000

Année 1825.

tirage du 1er semestre.		Piast. fortes	tirage du 2e semestre.		Piast. fortes
1	20,000	20,000	1	20,000	20,000
1	8,000	8,000	1	8,000	8,000
1	4,000	4,000	1	4,000	4,000
1	3,000	3,000	1	3,000	3,000
2	2,000	4,000	2	2,000	4,000
4	1,000	4,000	4	1,000	4,000
10	500	5,000	10	500	5,000
100	100	10,000	100	100	10,000
200	50	10,000	200	50	10,000
400	25	10,000	400	25	10,000
1,542	20	30,840	1,542	20	30,840
2,744	15	41,160	2,744	15	41,160
5,006		150,000	5,006		150,000

Année 1826.

tirage du 1er semestre.		Piast. fortes	tirage du 2e semestre.		Piast. fortes
1	19,000	19,000	1	19,000	19,000
1	7,500	7,500	1	7,500	7,500
1	3,000	3,000	1	3,000	3,000
1	1,500	1,500	1	1,500	1,500
3	1,000	3,000	3	1,000	3,000
10	500	5,000	10	500	5,000
100	100	10,000	100	100	10,000
240	50	12,000	240	50	12,000
440	25	11,000	440	25	11,000
1,500	20	30,000	1,500	20	30,000
2,700	15	40,000	2,700	15	40,500
4,997		142,500	4,997		142,500

Année 1827.

tirage du 1er semestre.		Piast. fortes	tirage du 2e semestre.		Piast. fortes
1	18,000	18,000	1	18,000	18,000
1	7,000	7,000	1	7,000	7,000
1	3,000	3,000	1	3,000	3,000
1	1,250	1,250	1	1,250	1,250
3	1,000	3,000	3	1,000	3,000
9	500	4,500	9	500	4,500
95	100	9,500	95	100	9,500
230	50	11,500	230	50	11,500
440	25	11,000	440	25	11,000
1,391	20	27,820	1,391	20	27,820
2,562	15	38,430	2,562	15	38,430
4,734		135,000	4,734		135,000

Année 1828.

tirage du 1er semestre.		Piast. fortes	tirage du 2e semestre.		Piast. fortes
1	17,000	17,000	1	17,000	17,000
1	6,500	6,500	1	6,500	6,500
1	2,500	2,500	1	2,500	2,500
1	1,200	1,200	1	1,200	1,200
3	1,000	3,000	3	1,000	3,000
9	500	4,500	9	500	4,500
90	100	9,000	90	100	9,000
220	50	11,000	220	50	11,000
420	25	10,500	420	25	10,500
1,285	20	25,700	1,285	20	25,760
2,440	15	36,600	2,440	15	36,600
4,471		127,500	4,471		127,500

Année 1829.

tirage du 1er semestre.		Piast. fortes	tirage du 2e semestre.		Piast. fortes
1	16,000	16,000	1	16,000	16,000
1	6,000	6,000	1	6,000	6,000
1	2,500	2,500	1	2,500	2,500
1	1,300	1,300	1	1,300	1,300
2	1,000	2,000	2	1,000	2,000
8	500	4,000	8	500	4,000
90	100	9,000	90	100	9,000
220	50	11,000	220	50	11,000
400	25	10,000	400	25	10,000
1,188	20	23,760	1,188	20	23,760
2,296	15	34,440	2,296	15	34,440
4,208		120,000	4,208		120,000

Année 1830.

tirage du 1er semestre.		Piast. fortes	tirage du 2e semestre.		Piast. fortes
1	15,000	15,000	1	15,000	15,000
1	5,500	5,500	1	5,500	5,500
1	2,000	2,000	1	2,000	2,000
1	1,250	1,250	1	1,250	1,250
2	1,000	2,000	2	1,000	2,000
8	500	4,000	8	500	4,000
85	100	8,500	85	100	8,500
210	50	10,500	210	50	10,500
380	25	9,500	380	25	9,500
1,082	20	21,640	1,082	20	21,640
2,174	15	32,610	2,174	15	31,610
3,945		112,500	3,945		112,500

Année 1831.

tirage du 1er semestre.		Piast. fortes	tirage du 2e semestre.		Piast. fortes
1	14,000	14,000	1	14,000	14,000
1	5,000	5,000	1	5,000	5,000
1	2,000	2,000	1	2,000	2,000
1	1,200	1,200	1	1,200	1,200
2	1,000	2,000	2	1,000	2,000
7	500	3,500	7	500	3,500
80	100	8,000	80	100	8,000
200	50	10,000	200	50	10,000
360	25	9,000	360	25	9,000
973	20	19,460	973	20	19,460
2,056	15	30,840	2,056	15	30,840
3,682		105,000	3,682		105,000

Année 1832.

tirage du 1er semestre.		Piast. fortes	tirage du 2e semestre.		Piast. fortes
1	12,500	12,500	1	12,500	12,500
1	5,000	5,000	1	5,000	5,000
1	2,000	2,000	1	2,000	2,000
1	1,200	1,200	1	1,200	1,200
2	1,000	2,000	2	1,000	2,000
6	500	3,000	6	500	3,000
74	100	7,400	74	100	7,400
191	50	9,550	191	50	9,550
340	25	8,500	340	25	8,500
864	20	17,280	864	20	17,280
1,938	15	29,070	1,938	15	29,070
3,419		97,500	3,419		97,500

Année 1833.

tirage du 1er semestre.		Piast. fortes	tirage du 2e semestre.		Piast. fortes
1	12,000	12,000	1	12,000	12,000
1	4,500	4,500	1	4,500	4,500
1	1,500	1,500	1	1,500	1,500
1	1,200	1,200	1	1,200	1,200
2	1,000	2,000	2	1,000	2,000
5	500	2,500	5	500	2,500
68	100	6,800	68	100	6,800
182	50	9,100	182	50	9,100
320	25	8,000	320	25	8,000
755	20	15,100	755	20	15,100
1,820	15	27,300	1,820	15	27,300
3,156		90,000	3,156		90,000

Année 1834.

tirage du 1er semestre.		Piast. fortes	tirage du 2e semestre.		Piast. fortes
1	11,000	11,000	1	11,000	11,000
1	3,500	3,500	1	3,500	3,500
1	2,000	2,000	1	2,000	2,000
1	1,200	1,200	1	1,200	1,200
2	1,000	2,000	2	1,000	2,000
4	500	2,000	4	500	2,000
62	100	6,200	62	100	6,200
173	50	8,650	173	50	8,650
300	25	7,500	300	25	7,500
646	20	12,920	646	20	12,920
1,702	15	25,530	1,702	15	25,530
2,893		82,500	2,893		82,500

Année 1835.

tirage du 1er semestre.		Piast. fortes	tirage du 2e semestre.		Piast. fortes
1	10,000	10,000	1	10,000	10,000
1	3,000	3,000	1	3,000	3,000
1	1,500	1,500	1	1,500	1,500
1	1,200	1,200	1	1,200	1,200
2	1,000	2,000	2	1,000	2,000
4	500	2,000	4	500	2,000
55	100	5,500	55	100	5,500
160	50	8,000	160	50	8,000
281	25	7,025	281	25	7,025
583	20	11,660	583	20	11,660
1,541	15	23,115	1,541	15	23,115
2,630		75,000	2,630		75,000

Année 1836.

tirage du 1er semestre.		Piast. fortes	tirage du 2e semestre.		Piast. fortes
1	9,000	9,000	1	9,000	9,000
1	2,500	2,500	1	2,500	2,500
1	1,300	1,300	1	1,300	1,300
1	1,200	1,200	1	1,200	1,200
1	1,000	1,000	1	1,000	1,000
5	500	2,500	5	500	2,500
50	100	5,000	50	100	5,000
150	50	7,500	150	50	7,500
260	25	6,500	260	25	6,500
509	20	10,180	509	20	10,180
1,388	15	20,820	1,388	15	20,820
2,367		67,500	2,367		67,500

Année 1837.

tirage du 1er semestre.		Piast. fortes	tirage du 2e semestre.		Piast. fortes
1	8,000	8,000	1	8,000	8,000
1	3,000	3,000	1	3,000	3,000
1	2,000	2,000	1	2,000	2,000
1	500	500	1	500	500
6	300	1,800	6	300	1,800
45	100	4,500	45	100	4,500
140	50	7,000	140	50	7,000
240	25	6,000	240	25	6,000
433	20	8,660	433	20	8,660
1,236	15	18,540	1,236	15	18,540
2,104		60,000	2,104		60,000

Année 1838.

tirage du 1er semestre.		Piast. fortes	tirage du 2e semestre.		Piast. fortes
1	7,000	7,000	1	7,000	7,000
1	2,500	2,500	1	2,500	2,500
1	1,500	1,500	1	1,500	1,500
1	500	500	1	500	500
1	350	350	1	350	350
5	250	1,250	5	250	1,250
40	100	4,000	40	100	4,000
130	50	6,500	130	50	6,500
220	25	5,500	220	25	5,500
357	20	7,140	357	20	7,140
1,084	15	16,260	1,084	15	16,260
1,841		52,300	1,841		52,500

Année 1839.

tirage du 1er semestre.		Piast. fortes	tirage du 2e semestre.		Piast. fortes
1	6,000	6,000	1	6,000	6,000
1	2,500	2,500	1	2,500	2,500
1	1,000	1,000	1	1,000	1,000
1	350	350	1	350	350
3	250	750	3	250	750
2	150	300	2	150	300
35	100	3,500	35	100	3,500
120	50	6,000	120	50	6,000
200	25	5,000	200	25	5,000
278	20	5,560	278	20	5,560
936	15	14,040	936	15	14,040
1,578		45,000	1,578		45,000

Année 1840.

tirage du 1er semestre.		Piast. fortes	tirage du 2e semestre.		Piast. fortes
1	5,000	5,000	1	5,000	5,000
1	2,000	2,000	1	2,000	2,000
1	600	600	1	600	600
1	350	350	1	350	350
3	200	600	3	200	600
2	150	300	2	150	300
30	100	3,000	30	100	3,000
108	50	5,400	108	50	5,400
178	25	4,450	178	25	4,450
190	20	3,800	190	20	3,800
800	15	12,000	800	15	12,000
1,315		37,500	1,315		37,500

Année 1841.

tirage du 1er semestre.		Piast. fortes	tirage du 2e semestre.		Piast. fortes
1	4,000	4,000	1	4,000	4,000
1	1,500	1,500	1	1,500	1,500
1	400	400	1	400	400
1	200	200	1	200	200
5	150	750	5	150	750
25	100	2,500	25	100	2,500
96	50	4,800	96	50	4,800
154	25	3,850	154	25	3,850
96	20	1,920	96	20	1,920
672	15	10,080	672	15	10,080
1,052		30,000	1,052		30,000

Année 1842.

tirage du 1er semestre.		Piast. fortes	tirage du 2e semestre.		Piast. fortes
1	3,000	3,000	1	3,000	3,000
1	1,200	1,200	1	1,200	1,200
1	300	300	1	300	300
6	150	900	6	150	900
15	100	1,500	15	100	1,500
76	50	3,800	76	50	3,800
130	25	3,250	130	25	3,250
33	20	660	33	20	660
526	15	7,890	526	15	7,890
789		22,500	789		22,500

Année 1843.

tirage du 1er semestre.		Piast. fortes	tirage du 2e semestre.		Piast. fortes
1	2,000	2,000	1	2,000	2,000
1	800	800	1	800	800
1	200	200	1	200	200
38	50	1,900	38	50	1,900
80	25	2,000	80	25	2,000
405	20	8,100	405	20	8,100
526		15,000	526		15,000

Année 1844.

tirage du 1er semestre.		Piast. fortes	tirage du 2e semestre.		Piast. fortes
1	1,000	1,000	1	1,000	1,000
1	400	400	1	400	400
1	200	200	1	200	200
20	50	1,000	20	50	1,000
20	25	500	20	25	500
220	20	4,400	220	20	4,400
263		7,500	263		7,500

RÉCAPITULATION DES TIRAGES.

Années	Nombre des lots.	Valeur des lots.
		piast. fortes
1821 à 1825	50,050	1,500,000
1826	9,994	285,000
1827	9,468	270,000
1828	8,942	255,000
1829	8,416	240,000
1830	7,890	225,000
1831	7,364	210,000
1832	6,838	195,000
1833	6,312	180,000
1834	5,786	165,000
1835	5,260	150,000
1836	4,734	135,000
1837	4,208	120,000
1838	3,682	105,000
1839	3,156	90,000
1840	2,630	75,000
1841	2,104	60,000
1842	1,578	45,000
1843	1,052	30,000
1844	526	15,000
	150,000	4,350,000

RÉCAPITULATION DES LOTS.

Nombre des lots.	Quotité des lots.	Montant des lots.
		piast. fortes
10	20,000	200,000
2	19,000	38,000
2	18,000	36,000
2	17,000	34,000
2	16,000	32,000
2	15,000	30,000
2	14,000	28,000
2	12,500	25,000
2	12,000	24,000
2	11,000	22,000
2	10,000	20,000
2	9,000	18,000
12	8,000	96,000
2	7,500	15,000
4	7,000	28,000
2	6,500	13,000
4	6,000	24,000
2	5,500	11,000
6	5,000	30,000
2	4,500	9,000
12	4,000	48,000
2	3,500	7,000
20	3,000	60,000
10	2,500	25,000
34	2,000	68,000
10	1,500	15,000
4	1,300	5,200
4	1,250	5,000
16	1,200	19,200
92	1,000	92,000
2	800	1,600
2	600	1,200
254	500	127,000
4	400	1,600
6	350	2,100
14	300	4,200
16	250	4,000
12	200	2,400
30	150	4,500
3,078	100	307,800
7,808	50	390,400
14,326	25	358,150
40,996	20	819,920
83,182	15	1,247,730
150,000		4,350,000

Des Fonds publics en France, par J. BRESSON, 4e édition, page 108.

ministre des finances de Sa Majesté catholique et les banquiers de Paris, a été présenté aux Cortès dans leur séance du 7 novembre 1820. Le dépôt en a été ordonné dans les archives de cette assemblée, qui a proclamé, le même jour, la nation espagnole débitrice du montant de l'emprunt envers les porteurs des obligations dont il se compose.

Les obligations et les billets de prime sont libellés en langue espagnole avec la traduction en français. Les obligations sont garnies de coupons d'intérêt de 2 ½ piastres fortes chacun, divisés par semestres, pour les 24 années de la durée de l'emprunt. Les billets de prime sont séparés des obligations; ils portent pour encadrement le tableau des 48 tirages, le nombre et la quotité de chaque prime.

L'emprunt ayant été ouvert en Espagne, c'est à Madrid que sont exécutées les opérations qui y sont relatives, c'est-à-dire, le tirage et le paiement des billets de prime, le paiement des intérêts, le tirage et le remboursement des obligations aux époques des engagemens que le gouvernement a contractés.

MM. Jacques Lafitte et compagnie, et Ardoin Hubbard et compagnie, se chargent de faire recouvrer à Madrid les coupons d'intérêts et les billets de prime, aux époques de leurs échéances respectives. Quant aux marchés relatifs à l'achat ou à la vente des obligations, ils se traitent par l'entremise des agens de change. Les obligations se négocient ordinairement avec leurs billets de prime; mais il s'en vend aussi sans billet de prime: alors on les nomme *Obligations nues*. Par la même cause qu'il se vend des obligations sans billet de prime, on trouve aussi des billets de prime seuls; c'est-à-dire sans obligations.

Sur le cours de la Bourse, pour coter les obligations d'Espagne, on prend pour base le prix d'une obligation; ainsi, quand les obligations d'Espagne sont cotées à 73, cela veut dire 73 piastres pour une obligation; ce qui fait qu'une obligation de 100 piastres ne vaut effectivement que 73 piastres.

L'emprunt a été livré à 70 pour $\frac{0}{0}$ aux prêteurs; ce qui leur a représenté un intérêt de 10 pour $\frac{0}{0}$, savoir, 7 $\frac{1}{7}$ d'intérêt fixe, et 2 $\frac{6}{7}$ pour $\frac{0}{0}$ en chance dans le tirage annuel des primes. Un dixième de l'emprunt a été payé comptant. Les neuf dixièmes restans ont été acquittés moyennant intérêts à partir du 1er novembre 1820, jour de la création des obligations, par neuvièmes de mois en mois, à raison de 5 fr. 40 c. par piastre forte.

Assurance des Billets de primes d'Espagne.

L'assurance des billets de prime d'Espagne consiste à garantir le propriétaire de la perte que lui causerait la sortie d'un billet de prime avec une basse prime.

Ainsi, supposons que d'après le cours de la Bourse, les Billets de prime valent 17 $\frac{1}{2}$ piastres fortes; les plus basses primes, qui sont les plus nombreuses, étant de 15 piastres fortes, le propriétaire court risque de perdre 2 piastres ½; c'est-à-dire environ 13 fr. 50 c., et c'est ce risque qu'on lui garantit au moyen d'une légère rétribution, en s'engageant à lui échanger le billet sorti contre un autre qui serait encore dans la roue, et cela dans le cas où il y trouverait sa convenance; car il est clair que si le billet sorti a gagné, par exemple, un lot de 20 000 piastres, soit 1 000 000 fr. environ, le propriétaire gardera ce lot et ne viendra pas faire l'échange.

Cette assurance est, au reste, parfaitement semblable à celle des obligations de la ville de Paris, avec la seule différence que le prix d'assurance pour les obligations d'Espagne est bien moindre que celui des obligations de la Ville.

Il est évident que si le billet de prime ne valait à la Bourse que 15 piastres ou moins, l'assurance deviendrait inutile, puisqu'alors on pourrait remplacer les billets sortis avec basse prime, à un prix égal au remboursement, ou même inférieur.

L'assurance des billets de Prime d'Espagne se fait chez MM. Henry Hentsch, Blanc et compagnie, banquiers, rue Basse-du-Rempart, n° 40.

Règle pour évaluer en francs le montant d'un nombre quelconque d'Obligations d'Espagne, d'après le prix porté sur le cours de la Bourse.

Multipliez d'abord par 100 le nombre donné d'obligations, vous aurez le nombre de piastres qu'elles produisent (1).

Ensuite dites : 100 est au prix porté sur le cours de la Bourse, comme le nombre de piastres multiplié par 5 fr. 40 c. (2) est au capital cherché.

EXEMPLE :

soit { 20 le nombre d'obligations.
73 le prix.

20 × 100 = 2000 nombre de piastres que don-

(1) Cela est évident, puisque chaque obligation vaut 100 piastres.

(2) On prend toujours pour base la piastre au change de 5 fr. 40 c.

nent les 20 obligations, on aura donc la proportion

$$100 : 73 :: 2000 \times 5,40 : x = \frac{2000 \times 5,40 \times 73}{100}$$
$$= 20 \times 5,40 \times 73 = 7884 \text{ fr.}$$

Ainsi 20 obligations au cours de 73 coûteront 7 884 fr. De là on peut déduire la règle générale suivante : multipliez le nombre donné d'obligations par 5 fr. 40 c., puis par le prix porté sur le cours de la Bourse.

Règle pour évaluer l'intérêt pour cent l'an, que rapportent les Obligations d'Espagne, d'après le prix porté sur le cours de la Bourse.

Dites : le prix porté sur le cours de la Bourse est à 100, comme 5 est au taux de l'intérêt cherché.

EXEMPLE :

Soit $73\frac{1}{2}$ le prix.

On aura la proportion

$$73\tfrac{1}{2} : 100 :: 5 : x = \frac{500}{73\frac{1}{2}} = \frac{500}{73,5} = 6,80 = 6\tfrac{4}{5}.$$

$6\frac{4}{5}$ est donc l'intérêt pour cent l'an, que

rapportent les obligations d'Espagne, au cours de 73 $\frac{1}{2}$, d'où l'on peut déduire cette règle générale : divisez 500 par le prix porté sur le cours de la Bourse (1).

Il faut observer ici que les intérêts des obligations se payant à Madrid, il faut faire entrer en considération la chance de perte ou de bénéfice qui peut résulter de la variation du change, ne pouvant pas prévoir quel sera le cours de la piastre à l'époque de chaque semestre. On remarquera aussi que dans le taux d'intérêt que nous venons de déterminer, n'est point comprise la chance des lots que présentent les billets de prime.

---

(1) Cette règle est, au fond, la même que celle décrite page 45 pour connaître l'intérêt de la rente française, et que celle donnée ci-après pour évaluer l'intérêt de la rente de Naples; ces trois espèces d'effets produisant un intérêt annuel de 5 pour $\frac{0}{0}$ de leur valeur nominale.

RENTES DE NAPLES (1).

Il y a pour le royaume de Naples un Grand-Livre où est inscrite toute la dette publique. Cette dette a été établie par suite de créances que le Gouvernement a consolidées.

Au 1er juillet 1820 (2) le nombre des rentes cinq pour cent consolidés inscrit au Grand-Livre, s'élevait à . . . . *ducats* 1 420 000 »

dont

Duc.	184 146 »	déclarés inaliénables,	
«	100 894 »	affectés à des cautionnemens,	
«	134 960 »	environ, appartenant soit à la caisse d'amortissement, soit à diverses administrations publiques, ou à des établissemens de bienfaisance.	
Duc.	420 000 »	ensemble ; ci	420 000
Restait en rentes négociables . . *ducats*			1 000 000

(1) Ce chapitre a été rédigé sur des documens officiels, notamment d'après un rapport fait au Parlement sur les dettes et créances de l'Etat au 1er juillet 1820, présenté par le ministre des Finances dans la séance du 9 décembre 1820.

(2) Depuis cette époque, la dette publique

Report..................	1 000 000
Depuis lors le gouvernement napolitain a fait un nouvel emprunt (1), montant en rente annuelle à... *ducats*	800 000
Ainsi la dette inscrite, qui est maintenant de *duc.* 2 220 000 de rente, comprend une somme de rente négociable d'environ......... *ducats*	1 800 000

On présume que sur ces *duc.* 1 800 000, il y a environ *duc.* 500 000 de rentes classées, entre les mains de capitalistes *rentiers*, et qu'ainsi la circulation porte plus particulièrement sur *duc.* 1 300 000 de rentes possédées par des capitalistes *spéculateurs*. Trois compagnies, dont deux à Naples, et

de Naples n'a subi aucun changement, si l'on en excepte le nouvel emprunt de *duc.* 800 000 négocié par MM. de Rotschild frères, au commencement de l'année 1821, dont nous donnons le détail.

(1) On a affecté pour garantie de cet emprunt une partie des terrains compris sous le nom de Champ de Mars.

une en Hollande, étaient déjà propriétaires, avant l'emprunt, d'environ *duc.* 420 000 de rente.

La dette non liquidée, à convertir en rentes perpétuelles, suivant les décrets existans, est évaluée, après les réductions que la liquidation peut y apporter, à *duc.* 420 000 de rente; mais les inscriptions à délivrer pour cette somme seront d'abord provisoires, et non productives d'intérêts : elles ne passeront définitivement au Grand-Livre des cinq pour cent consolidés, en portant rente annuelle, qu'à mesure de l'extinction progressive des pensions ecclésiastiques et de grâce. Cette extinction paraît devoir produire environ *duc.* 28 000 de rente par an, et par conséquent exige un espace de 15 années pour l'inscription totale et définitive des *duc.* 420 000 de rente qui, tout en accroissant la dette perpétuelle, n'augmenteront cependant pas les charges actuelles de l'Etat, puisque les nouvelles inscriptions de rente ne seront émises qu'en remplacement de pensions successivement éteintes, dont le montant est compris aujourd'hui dans le service de la dette publique.

Les créances exigibles restant à liquider, doivent être remboursées, partie avec le produit des domaines nationaux, partie sur d'autres ressources, et le reste au moyen de mesures financières, jusqu'à présent indépendantes de la consolidation.

Ainsi la dette perpétuelle du royaume de Naples, y compris les *duc.* 800 000 récemment empruntés, et sauf une augmentation de *duc.* 420 000 de rente, à inscrire dans l'espace de 15 ans, laquelle sera compensée par une diminution proportionnelle au chapitre des pensions, paraît bornée en ce moment à une somme de *duc.* 2 220 000 dont 1 800 000 sont négociables, et 1 300 000 seulement en circulation active.

Les pensions inscrites au 1er juillet 1820, montaient

SAVOIR :

1°. Les pensions civiles et militaires à.............. *duc.* 568 578 85 gr.

Report.................*duc.*	568 578. 85 gr.
2° Les pensions ecclésiastiques à	600 000.
3°. Les pensions de grâce à...	214 196. 94
TOTAL ....*ducats*	1 382 775. 79 gr.
Il convient d'ajouter à cette somme le montant de diverses pensions sur 2 rôles provisoires, et qui se paient par la Trésorerie, en attendant une disposition législative qui les rattachera probablement à la dette publique. Ces pensions s'élèvent à ....*ducats*	244 651. 92
Total des pensions présentement payées, inscrites ou à inscrire..................*duc.*	1 627 427. 71 gr.
Si l'on y ajoute les ..*duc.* portés au Grand-Livre, on trouvera que la totalité de la dette publique du royaume de Naples en rentes perpétuelles et en pensions de diverses natures, est de ....*ducats*	2 220 000.
	3 847 427. 71 gr.

Cette somme représente 21 $\frac{3}{8}$ pour $\frac{0}{0}$, ou un peu plus du cinquième, des revenus du royaume, lesquels s'élèvent à 18 millions de ducats. Les derniers événemens ont dû jeter de l'embarras dans les finances napolitaines, et leur occasionner des charges extraordinaires; mais, d'un autre côté, au moyen de la négociation de l'emprunt de *duc.* 800 000 de rente compris dans le détail ci-dessus, le gouvernement s'est procuré une recette extraordinaire qui s'élèvera, dit-on, à environ *ducats* 8 500 000 nets.

Les arrérages des rentes de Naples sont payés tous les six mois au 1er janvier et au 1er juillet de chaque année.

Les inscriptions du Grand-Livre de ce royaume sont nominales; mais, pour faciliter en Europe la circulation de ces rentes et éviter d'envoyer à Naples les inscriptions vendues, pour en opérer le transfert au nom des nouveaux propriétaires, MM. Falconnet et compagnie, de Naples, ont émis des certificats de rente au porteur, chacun de 25 ducats (1), que délivre l'administration

(1) Il y en a aussi de 500 ducats; mais peu;

des rentes de Naples contre la même valeur en rente déposée à la direction du Grand-Livre.

A ces certificats sont joints 6 coupons d'intérêt avec un reçu, afin d'en obtenir de nouveaux pour les échéances successives.

Pour convertir les inscriptions de rente sur le Grand-Livre en certificats au porteur, de la Compagnie Falconnet, accompagnés de 6 coupons d'intérêt, ou pour renouveler cette série de 6 coupons, quand elle est épuisée, le droit de la compagnie et de $\frac{3}{8}$ pour $\frac{0}{0}$ sur le capital nominal. Les coupons d'intérêt sont à leur échéance payés par cette compagnie sans aucune retenue. Pour les encaisser, on peut les adresser à une maison de Naples, ou les négocier, à des banquiers de Paris, à un prix qui varie suivant le cours du change (1).

---

ces derniers se négocient à un prix moindre que les certificats de 25 ducats.

(1) Ordinairement la négociation s'en fait à 20 centimes au-dessous du cours du change, à trois mois.

Les certificats de rente au porteur, de MM. Falconnet et compagnie, sont susceptibles d'être convertis en inscription au Grand-Livre, au nom du propriétaire, ou au nom des personnes par lui désignées, en faisant représenter le titre à l'administration des rentes du royaume par une personne connue à Naples, rapportant les coupons d'intérêts non échus, avec le reçu destiné à se procurer de nouveaux coupons, après l'échéance de ceux délivrés primitivement, et en se soumettant d'ailleurs au mode de transfert qui est en usage à la direction du Grand-Livre de ce royaume.

Sur le cours de la Bourse, pour coter les rentes de Naples, on prend le prix de 5 ducats de rente; ainsi quand la rente est cotée à 67 ½, cela veut dire que 5 ducats de rente coûtent 67 ½ ducats.

Règle pour évaluer en francs le montant d'une quantité quelconque de rentes de Naples, d'après le prix porté sur le cours de la Bourse.

Dites : 5 est au prix porté sur le cours de la Bourse, comme le nombre de ducats de rentes multiplié par 4 fr. 40 c. (1) est au capital cherché.

EXEMPLE.

Soit {500 ducats la quantité de rentes. 67 le prix.

On aura la proportion

$$5 : 67 :: 500 \times 4.40 : x = \frac{500 \times 4.40 \times 67}{5}$$

$$= \frac{147400}{5} = 29\,480 \text{ francs.}$$

D'où l'on peut déduire cette règle générale : multipliez le nombre de ducats donné

(1) Le ducat étant toujours évalué au change de 4 fr. 40 c.

par 4 fr. 40 c., puis par le prix porté sur le cours de la Bourse, et divisez le produit par 5.

Règle pour connaître l'intérêt pour cent l'an, que rapportent les rentes de Naples d'après le prix porté sur le cours de la Bourse.

Dites : le prix porté sur le cours de la Bourse est à 100 comme 5 est au taux de l'intérêt cherché.

EXEMPLE.

Soit 67 le prix.

On aura la proportion

$$67 : 100 :: 5 : x = 7.46 = 7 \frac{23}{50} \text{ résultat}$$

Ainsi les rentes de Naples au cours de 67 produiront $7 \frac{23}{50}$ d'intérêt pour % l'an. De la proportion ci-dessus on peut déduire la règle générale suivante : divisez 500 par le prix porté sur le cours de la Bourse.

Il faut avoir égard ici à la perte ou au bénéfice que l'on peut faire sur le cours du ducat, en sorte que l'on ne peut avoir que l'intérêt approximatif, et non l'intérêt exact des rentes de Naples pour une époque quelconque, puisque cet intérêt dépend non-seulement du prix de la rente, mais encore du cours du change, au moment où l'on touche les coupons d'intérêt.

Caisse des dépôts et consignations.

La Caisse des dépôts et consignations, qu'il ne faut point confondre avec la Caisse d'amortissement, offre aux capitalistes des avantages qu'il entre dans notre plan de faire connaître.

Cette Caisse n'a pas été établie que pour les départemens, les communes et les établissemens publics; elle est encore autorisée à recevoir les dépôts volontaires et particuliers qui sont faits à Paris, en monnaie ayant cours, ou en billets de la Banque de France.

La Caisse et ses préposés ne peuvent, sous aucun prétexte, exiger de droit de garde, ni aucune rétribution, sous quelque dénomination que ce soit, tant lors du dépôt que lors de sa restitution.

Les sommes déposées portent intérêt à trois pour cent, pourvu qu'elles soient restées à la Caisse trente jours. Si elles sont retirées avant ce temps, la Caisse ne paie aucun intérêt. Le dépôt est rendu à celui qui l'a fait, à son fondé de pouvoirs ou ses ayant cause, à l'époque convenue par l'acte de dépôt, et s'il n'en a pas été convenu, à simple présentation. Ceux qui retirent ainsi leurs fonds ne sont soumis à aucune autre condition que celle de remettre la reconnaissance de la Caisse et de signer leur quittance (1).

---

(1) Loi du 28 avril 1816. — Ordonnance du Roi du 3 juillet 1816.

Caisse d'Epargne et de Prévoyance.

La Caisse d'Épargne et de Prévoyance (1) est destinée à offrir aux personnes économes et industrieuses, et principalement aux cultivateurs, ouvriers, artisans et domestiques, le moyen de se procurer des rentes, cinq pour cent consolidés (2).

Les sommes confiées à cet établissement, tout en s'accroissant par l'accumulation des intérêts, restent constamment à la disposition de celui au nom duquel elles ont été versées. Il est libre de les réclamer à tout instant, et de les retirer dès qu'une maladie, ou d'autres besoins inattendus les lui rendent nécessaires.

Les fonctions des directeurs et adminis-

---

(1) Les bureaux sont à la Banque de France. — Des Caisses d'épargne fondées sur les mêmes bases que celle de Paris, sont établies à Bordeaux, Marseille, Rouen, Metz, etc.

(2) Ordonnance du roi, du 29 juillet 1818. — Acte du 22 mai 1818.

trateurs sont entièrement gratuites ; en fondant l'établissement, ils ont renoncé à toute idée de bénéfice, et lui ont fait de plus une dotation pour couvrir les frais de bureaux qui sont réglés avec la plus stricte économie ; la totalité des dotations, à l'époque du 30 septembre 1821, était de 1 1923 fr. de rente, cinq pour cent consolidés, inscrites au nom de la Caisse.

La Caisse d'épargne et de prévoyance, ne reçoit pas moins d'un franc, ni plus de 600 francs pour chaque semaine, au nom d'un déposant.

Les sommes versées à la Caisse produisent un intérêt de cinq pour cent ; l'intérêt est réglé à la fin de chaque mois sur le compte courant de chaque déposant, il est ajouté au capital. L'intérêt n'est alloué que sur les sommes rondes de 12 francs ; ainsi pour des versemens de 15, 25, 40 fr., l'intérêt est calculé sur 12, 24 et 36 fr.

Les dépôts au-dessous de 12 fr, et les fractions excédant les multiples de 12 fr. ne produisent pas d'intérêt.

L'intérêt est dû à compter du premier jour du mois qui suit l'époque à laquelle est versée ou complétée une somme de 12 fr. Il n'est point alloué d'intérêt pour les fractions de mois.

Il est remis au déposant un livret destiné à l'inscription des sommes versées en son nom.

Chaque dépôt est signé par le caissier, et visé par un directeur ou administrateur.

Les livrets doivent être présentés à la Caisse, au moins une fois par année, pour le règlement des intérêts, d'après les comptes courans.

Aussitôt que le compte d'un déposant présente une somme suffisante pour l'achat de 50 fr. de rente, cinq pour cent consolidés, le transfert en est fait en son nom, au cours moyen du jour qui précède le dernier versement. Le déposant peut retirer son inscription, ou la laisser en dépôt à la Caisse, qui en perçoit gratuitement les arrérages et les ajoute à son compte courant.

S'il arrivait qu'un déposant fût titulaire de plus d'un livret, il ne lui serait alloué d'intérêt que sur celui contenant la somme la plus forte, le remboursement des autres livrets serait effectué.

Les dépôts non convertis en rente, et les inscriptions de rente peuvent être retirés en prevenant huit jours d'avance.

Les demandes de remboursement et de remises de rentes ont lieu les dimanches. Le jour du remboursement est indiqué au moment de la demande.

La Caisse n'a aucun maniement de fonds. Elle emploie immédiatement toutes les sommes qui lui sont confiées en achats de rentes, cinq pour cent consolidés, transférées au nom de la Caisse.

Les comptes de la Caisse sont rendus publics deux fois par an.

Toutes les opérations de la Caisse étant gratuites, il n'est jamais fait sur le compte du déposant aucune retenue, ni prélevé aucun droit de commission.

Aperçu de ce que produirait une somme deposée chaque mois à la Caisse d'épargne et de prévoyance, avec les intérêts à cinq pour cent par an.

		AU BOUT DE				
		2 ans.	5 ans.	10 ans.	20 ans.	30 ans.
		fr.	fr.	fr.	fr.	fr.
Le dépôt fait chaque mois de la somme de.........	12 f. produirait	303	819	1,871	4,953	10,029
	24 f. —	606	1,638	3,742	9,906	20,059
	36 f. —	909	2,457	5,613	14,859	30,088
	48 f. —	1,212	3,276	7,484	19,812	40,118

AGENS DE CHANGE

près la Bourse de Paris.

Les Agens de change (1) ont seuls le droit de faire les négociations d'effets publics et autres susceptibles d'être cotés, soit au comptant, soit à terme. Il est défendu

(1) Loi du 28 ventôse an 9. — Code de commerce § 76. — Ordonnance du Roi, du 29 mai 1816.

sous peine d'une amende qui sera au plus du sixième du cautionnement des agens de change, et au moins du douzième, à tous individus autres que ceux nommés par le gouvernement, d'exercer les fonctions d'agens de change (1).

Le nombre des agens de change près la Bourse de Paris est fixé irrévocablement à soixante (2).

Chaque agent de change est tenu de verser à la Caisse de dépôts et consignations un cautionnement de la somme de 125000 f. (3)

Ce cautionnement est spécialement af-

---

(1) Titre 2, art. 8 de la loi du 28 ventôse an 9.

(2) Edit de janvier 1723. — Arrêt du 24 septembre, 1724. — Arrêt du 10 septembre 1786. — Lettres patentes du 4 novembre 1786. — Ordonnance du Roi du 29 mai 1816.

(3) Art. 90 de la loi du 28 avril 1816. — Ordonnance du Roi des 1er mai 1816, et 9 janvier 1818.

fecté à la garantie des condamnations qui peuvent être prononcées contre eux par suite de l'exercice de leurs fonctions (1).

Les agens de change, devant se faire remettre par leurs cliens les nantissemens nécessaires pour assurer la livraison ou le paiement des effets qu'ils auront vendus ou achetés, soit au comptant, soit à terme, sont personnellement responsables de leurs opérations envers leurs collègues, de même qu'ils ne peuvent, dans aucun cas et sous aucun prétexte, se rendre garans de leurs collègues envers leurs cliens (2).

Le tarif des droits de courtage attribués aux agens de change ayant été arrêté par le tribunal de commerce, suivant son arrêté du 26 messidor an 9 (3), les agens de

(1) Art. 11 et 12 de l'arrêté du 29 germinal an 9.

(2) Art. 86 et 87 du Code de commerce. — Art. 2 de l'arrêté du 12 janvier 1819 de la chambre syndicale des agens de change.

(3) En exécution de l'arrêté du 27 prairial an 10.

change ont le droit de percevoir depuis un huit jusqu'à un quart pour cent pour chaque opération au comptant ou à terme.

Les agens de change gardent un secret inviolable aux personnes qui les chargent de négociations, à moins que les parties ne consentent à être nommées, ou que la nature de l'opération ne l'exige.

Les agens de change ont une Chambre syndicale, composée d'un syndic et de six adjoints. Chaque année, dans le mois de décembre, la Compagnie assemblée procède à la majorité absolue des suffrages, et au scrutin secret, à l'élection des membres de la chambre syndicale.

La chambre syndicale ayant sur les membres de la compagnie la surveillance et l'autorité d'une chambre de discipline, conformément à l'ordonnance du 29 mai 1816, elle est chargée de surveiller avec la plus grande attention la manière dont chaque agent de change traite les affaires. En conséquence, elle censure, elle suspend de ses fonctions ou provoque la destitution de tout agent de change qui ne se renferme pas strictement dans les limites légales de ses fonctions, ou qui introduit dans ses opérations ou dans le prélèvement de ses droits, des innovations nuisibles aux intérêts du public, ou de la compagnie; et comme les cas ne peuvent être prévus ni définis, la chambre syndicale est investie sur ce point d'un pouvoir discrétionnaire, qu'elle emploie à défendre l'intérêt général contre les atteintes d'un intérêt particulier mal entendu.

SECONDE PARTIE.

DES OPÉRATIONS DE LA BOURSE DE PARIS.

Notions générales.

Les opérations de la Bourse se divisent en deux classes :

1°. Opération de *placement ;*

2°. Opération de *spéculation.*

Les opérations de placement ont pour objet d'acheter une certaine quantité d'effets publics pour les garder et jouir de leurs intérêts ou dividendes.

Les opérations de spéculation consistent à vendre ou acheter successivement une quantité d'effets publics, dans l'intention de réaliser des bénéfices. Les opérations de spéculation sont, à proprement parler, les seules qui fixent l'attention publique, à cause de leur immensité et de l'influence que souvent elles produisent sur le cours des effets.

Toutes les opérations de spéculation se réduisent à deux seules, qui sont la *hausse* et la *baisse*.

Une opération à la hausse consiste à acheter des effets publics en baisse, et à les revendre en hausse.

Une opération à la baisse se fait en vendant des effets publics en hausse, et en les achetant en baisse.

Ces sortes d'opérations peuvent se faire soit au comptant, soit à terme.

Une opération à terme est celle dont la livraison des effets achetés ou vendus doit se faire à une époque déterminée; cette époque est le plus ordinairement la fin du mois courant, ou celle du mois prochain.

Un peu avant l'ouverture de la Bourse, c'est-à-dire avant deux heures, les agens de change, réunis dans leur cabinet, achètent et vendent, au *cours moyen* des rentes cinq pour cent consolidés, des reconnaissances de liquidation, des actions de la Banque, etc. Par cours moyen, on entend un cours qui est réglé à trois heures, en prenant la moitié entre le cours le plus haut, et le cours le plus bas de tous ceux qui ont été criés de deux heures à trois heures; par exemple, si le cours le plus haut est de 84 fr. 35 c., et le cours le plus bas, de 84 fr. 10 c.; le cours moyen sera de 84 fr. 22 centimes ½. Il ne se fait guère que des affaires au comptant, au cours moyen; cependant quelquefois il s'y fait aussi des opérations à terme.

A deux heures précises, le son de la cloche annonce au public l'ouverture de la Bourse; les agens de change se rendent au parquet, et y font des marchés au comptant, à terme et à prime; ils proposent à haute voix la vente ou l'achat des effets publics; et lorsque deux d'entre eux ont consommé une négociation, ils en donnent le cours au crieur, qui l'annonce sur-le-champ au public (1). Les cours au comptant sont les seuls criés.

A trois heures, la cloche sonne de nouveau; les agens de change passent dans leur cabinet; là ils ne font plus d'affaires au comptant, mais ils continuent de faire des opérations à terme; et en outre ils négocient des lettres de change ou billets, et tous papiers commerçables (2) jusqu'à quatre heures qu'ils se retirent.

La rente est toujours ou *demandée* ou *offerte;* ainsi on dit en terme de Bourse : La rente est demandée à 84 fr. 10 c., et offerte à 84 fr. 15 c.; cela veut dire que l'acheteur demande la rente au cours de 84 f. 10 c., tandis que le vendeur la tient au cours de 84 fr. 15 c.; de là vient qu'à la Bourse on dit habituellement la rente est demandée à tel prix, ou offerte à tel prix.

---

(1) Art. 76 de l'arrêté du 27 prairial an 10.

(2) Art. 76 du Code de commerce.

Négociations au comptant.

Les effets au porteur, ou autres, transmissibles par voie d'endossemens négociés au comptant, sont délivrés par le vendeur à l'acheteur dans l'intervalle d'une Bourse à l'autre.

Les effets transmissibles par la voie du transfert, tels que les rentes cinq pour cent consolidés, les actions de la Banqne, etc., ne pouvant être livrés dans l'intervalle d'une Bourse à l'autre, l'agent de change, acheteur d'effets soumis au transfert, donne au vendeur, pendant la Bourse qui suit celle où leur négociation a été faite, un bulletin signé de lui, indiquant la quantité de rentes ou d'actions de Banque, etc., le prix convenu, ainsi que les noms auxquels le transfert doit être fait.

Si, avant la quatrième Bourse qui suit celle où la remise des noms a été faite, l'effet n'a pas été livré, l'acheteur fait annoncer par affiche visée que le rachat sera fait le lendemain (c'est-à-dire le cinquième jour); et si la livraison n'a point été faite, dans la Bourse dudit jour, le rachat a lieu par le syndic ou un adjoint.

Il en est de même pour les effets au porteur; s'ils ne sont pas livrés le lendemain, on affiche, et le surlendemain, on rachète (1).

Négociations à terme.

Les négociations d'effets publics ou particuliers au porteur, ou transmissibles par voie du transfert, ne peuvent avoir lieu pour un terme excédant deux mois.

L'acheteur a toujours la faculté de se faire livrer à sa volonté, et par anticipation, les effets vendus contre le paiement du prix convenu (2).

Les agens de change se donnent réciproquement, pour l'exécution de ces sortes de

---

Réglemens de la Compagnie des agens de change, titre V.

(2) Voyez page 174, le chapitre *des Escomptes*.

négociations, des engagemens qui sont échangés dans les vingt-quatre heures ; ces engagemens relatent la nature de l'effet, la quantité, le prix, la somme et l'époque de la livraison ; les nombres y sont exprimés en chiffres et en toutes lettres.

Les agens de change donnent également aux cliens qui les emploient dans ces sortes de négociations, des engagemens portant les conditions ci-dessus désignées, et en outre le nom de l'agent de change avec qui ils ont fait le marché (1).

Tout individu qui a souscrit ou fait souscrire pour son compte par un agent de change les engagemens mentionnés aux deux articles précédens, est soumis à la juridiction du tribunal de commerce ; car il en est du spéculateur sur les fonds publics, qui négocie et qui achète pour revendre, comme de celui qui achète et vend de la marchandise. Tout homme qui achète

(1) Règlemens de la Compagnie des Agens de change.

pour revendre, est négociant et justiciable du tribunal de commmerce (1).

Les marchés à terme sont de deux sortes, soit *fermes*, soit *à primes*.

Achats, ou Ventes fermes.

On entend par achat ou vente ferme lorsque l'on vend une quantité de rentes, de reconnaissances de liquidation ou d'actions de la Banque dont la livraison doit s'effectuer fin du mois courant, ou fin du mois prochain.

---

(1) C'est ce que prouvent divers jugemens rendus par le tribunal de commerce du département de la Seine, qu'il serait trop long d'énumérer ici. Ceux de ces jugemens qui ont ensuite été portés en appel à la Cour royale de Paris ont toujours été confirmés; parmi ces derniers, nous pouvons citer les arrêts rendus par la première chambre le 29 décembre 1807, et par la deuxième chambre, les 14 février 1810, 15 avril et 8 juin 1819.

Tous ces arrêts sont fondés sur ce principe incontestable, qu'on fait acte de commerce quand on achète pour revendre.

Ces sortes de marchés ne se font que pour 2 500, 5 000, 7 500, 10 000 fr., etc. de rente, et ainsi de suite, par multiple de 2500. Pour les reconnaissances de liquidation, ils ne se font que pour 25 000, 50 000, 75 000, 100 000 fr., par multiple de 25 000. Quant aux actions de la Banque, ils ne s'opèrent que pour 25, 50, 75, 100, etc. actions, et ainsi de suite, par multiple de 25. Enfin, pour les rentes de Naples, il ne s'en fait que par 250, 500, 750, 1 000, 1 250, etc. ducats, et ainsi de suite, par multiple de 250.

Achats ou ventes à primes, autrement dits *achats ou ventes libres*.

Un marché à *prime* ou marché *libre* est un marché conditionnel, qui engage le vendeur sans engager l'acheteur.

EXEMPLE.

J'achète 5 000 fr. de rente à 84 fr. 60 c., dont 1 fr.; c'est-à-dire que 5 000 fr. à

84 fr. 60 c., font 84 600 fr.; sur ces 84 600 fr., je paie 1000 fr. de suite; alors ma rente me reste au prix de 83 fr. 60 c., et je ne devrai plus payer que 83 600 fr. à l'époque convenue de la livraison, dans le cas où je prendrais la rente; car, au moyen de cette prime de 1 000 fr., que je paie comptant au vendeur, je suis libre de lever (1) ou non la rente à l'époque convenue.

Les primes que l'on paie comptant varient suivant les chances de faveur qu'elles peuvent offrir; elles sont ordinairement de 50 c., 1 fr., 1 fr. 50 c., etc.

Cette faculté qu'a l'acheteur de pouvoir lever ou non la rente à prime, fait qu'elle est toujours plus chère que la rente ferme.

Les marchés à prime s'appliquent non-seulement aux rentes, mais encore aux reconnaissances de liquidation, aux annuités, aux actions de la Banque, aux obligations de la ville de Paris, aux rentes de Naples,

---

(1) Le mot *lever*, en langage de Bourse, signifie prendre livraison d'effets.

et même aux actions des Compagnies d'assurances.

Liquidation de chaque mois.

Tous les marchés fermes et les marchés à prime se liquident depuis le dernier jour du mois jusqu'au 4 du suivant inclusivement, et cette époque se nomme *liquidation.* Ainsi, quand on dit acheter en liquidation de janvier, cela signifie acheter fin janvier.

La liquidation de chaque mois a lieu dans l'ordre suivant :

Le dernier jour du mois, à trois heures précises, l'on donne la réponse des primes; c'est-à-dire que les acheteurs donnent avis aux vendeurs s'ils lèvent ou non les effets qu'ils ont achetés à prime.

Le premier jour du mois, on fait la liquidation des rentes cinq pour cent consolidés.

Le deuxième jour, on opère la liquidation des reconnaissances, des annuités, des actions de Banque et des rentes de Naples.

Le troisième jour, les Agens de chang balancent leur compte, et se mettent d'ac cord sur les différences qu'ils doivent s payer, et les effets qu'ils sont convenus d se livrer.

Enfin, le quatrième jour, on effectue le paiemens des différences et les livraison d'effets.

Si, à l'époque de la liquidation, il s trouve un dimanche ou un jour férié, alor la liquidation se termine un jour plu tard.

Nous allons maintenant exposer les prin cipes généraux auxquels se rattachent tou tes les spéculations sur les effets publics

Opérations à la hausse.

I.

Achetez ferme, attendez la hausse, et quand elle sera arrivée au point où vous croyez qu'elle doive s'arrêter, vendez de suite.

EXEMPLE.

J'achète ferme 5000 fr. de rente à 82 fr. 60 c.	82600 fr.
La rente monte jusqu'à 83 fr. 80 c., je vends à ce prix, ci	83800
Différence qui établit mon bénéfice (1)	1200 fr.

II.

Achetez ferme, et vendez à prime; car, la rente à prime étant toujours plus chère que la rente ferme, vous aurez pour bénéfice la différence du prix de la rente ferme au prix de la rente à prime.

(1) Sur cette somme, qui établit le bénéfice, ainsi que sur toutes celles qui, dans les spéculations suivantes, formeront les bénéfices, il faut déduire la commission due à l'agent-de-change qui a fait l'opération. De même que, quand on aura de la perte, il faudra ajouter la commission à la différence que l'on devra payer, pour connaître la perte totale. Ordinairement, le droit de commission est de $\frac{1}{8}$ p. 100 sur les opérations à terme, et de $\frac{1}{4}$ p. 100 sur les affaires au comptant.

EXEMPLE.

J'achète ferme 5 000 fr. de rente à 82 fr. 50 c., ci....................	82 500 fr.
Au même instant, la rente à prime étant de 60 c. plus chère que la rente ferme, c'est-à-dire à 83 fr. 10 c., dont 1 fr., je vends à ce prix mes 5 000 fr. de rente ; ce qui fait...............	83 100
Différence qui établit mon bénéfice.	600 fr.

L'inconvénient de cette sorte d'opération, c'est que, si la rente subit une baisse plus forte qu'un franc, relativement à l'exemple ci-dessus, c'est-à-dire, si elle vient au-dessous de 82 fr. 10 c., l'acheteur à prime ne prend pas la rente que vous lui avez vendue à 83 fr. 10 c., dont 1 fr.; mais, comme vous avez reçu une prime de 1 000 fr., cette prime diminue d'autant le prix de la rente ferme que vous avez achetée. Ainsi les 5000 fr. de rente que vous avez achetés à 82 fr. 50 c., ne vous reviennent plus qu'à 81 fr. 50 c.; alors, pour sortir de cette opération, il faut ou vendre, ou se faire reporter; c'est ce que nous expliquerons plus bas, lorsque nous traiterons des reports.

III.

Si vous prévoyez une hausse plus forte que la différence qui existe entre la rente ferme et la rente à prime, achetez à prime; puis, quand vous verrez que la hausse est à son plus haut période, vendez ferme.

EXEMPLE.

J'achète à prime 5 000 fr. de rente à 83 fr. 10 c., dont 1 fr., ci..........	83 100 fr.
La rente monte jusqu'à 84 fr.; je vends à ce prix....................	84 000
Différence qui établit mon bénéfice.	900 fr.

Dans cette sorte d'opération, la perte que l'on peut faire est limitée à la prime que l'on a payée. Dans l'exemple ci-dessus, ayant acheté 5 000 fr. de rente à 83 fr. 10 c., dont 1 fr., j'ai payé de suite 1 000 fr. de prime. Si la rente, au lieu de monter, était descendue au-dessous de 82 fr. 10 c., alors, me trouvant dans l'impossibilité de vendre sans aggraver ma perte, j'aurais perdu mes 1 000 fr. de prime; mais si la rente, au lieu de descendre au-dessous de 82 fr. 10 c., s'était arrêtée à 82 fr. 60 c., j'aurais vendu à ce prix; et, au lieu de perdre 1 000 fr., je n'aurais perdu que 500 fr.

Opérations à la baisse.

I.

Vendez ferme, attendez la baisse, et quand elle sera parvenue au point où vous croyez qu'elle doive s'arrêter, achetez de suite.

EXEMPLE.

Je vends ferme 5 000 fr. de rente à 83 fr. 15 c., ci....................	83 150 fr.
La rente descend jusqu'à 82 fr. 40 c.; j'achète 5 000 fr. de rente à ce prix...	82 400
Différence qui établit mon bénéfice.	750 fr.

II.

Vendez une quantité de rente à prime à découvert.

EXEMPLE.

Fin (1) prochain, la rente à prime est à 85 fr. 05 c., dont 1 fr. 50 c.; j'en vends 10,000 fr. à ce prix, et je touche 3 000 fr. de prime.

Si la baisse arrive, et que le jour de la réponse des primes, la rente soit à 83 fr. 30 c., on ne me lèvera point les 10 000 fr. de rente dont je suis vendeur à 83 fr. 55 c. (prime de 1 fr. 50 c. déduite). J'aurai donc pour bénéfice les 3 000 fr. que l'on m'aura payés à titre de prime.

Mais, si on me lève la prime, alors j'aurai 10,000 fr. de rente à racheter en liquidation. Si je puis les avoir au-dessous de 85 fr. 05 c., j'aurai pour bénéfice la différence entre mon prix d'achat, et 85 fr. 50 c. Au contraire, si je rachète au-dessus de 85 fr. 05 c., j'aurai une perte qui proviendra de la différence entre 85 fr. 05 c. et mon prix d'achat.

---

(1) Expression employée à la Bourse, pour dire fin du mois prochain.

III.

Achetez à prime, et vendez ferme de suite; vous limitez ainsi votre perte à la différence qui existe entre la rente ferme et la rente à prime, et vous pourrez profiter de la baisse, tant grande soit-elle.

EXEMPLE.

J'achète 5 000 fr. de rente à 83 fr. 25 c., dont 50 c., ci....................	83 250 fr.
Au même instant, la rente ferme est à 82 fr. 85 c.; je vends de suite mes 5 000 fr. de rente ferme à ce cours....	82 850
La différence de................	400 fr.
est la seule perte que je ferais, si la rente n'arrivait pas au-dessous de 82 fr. 85 c.; mais tant qu'elle ira au-dessous de 82 fr. 85 c., il y aura profit. Je suppose qu'elle descende à 82 fr. 10 c.; j'abandonne ma rente à prime, et j'achète ferme 5 000 fr. de rente à ce cours, ci..	82 100 fr.
J'ai déjà vendu à 82 fr. 85 c.......	82 850
Différence.........................	750 fr.
dont il faut déduire la prime de 500 fr. que j'ai payée dans l'achat des 5 000 fr. de rente à 83 fr. 25 c., dont 50 c., ci.	500
Différence qui établit mon bénéfice.	250 fr.

Opérations à la hausse et à la baisse.

I.

Quand vous prévoyez que des événemens encore indécis doivent produire de grands mouvemens sur la rente, soit en hausse, soit en baisse, pour cela, achetez une quantité de rentes à primes et vendez la moitié ferme.

EXEMPLE.

J'achète 5 000 fr. de rente à 82 fr. 20 c., dont 50 c.; je vends de suite la moitié, c'est-à-dire 2 500 fr. ferme, au cours du moment; je suppose à 81 fr. 60 c...	40 800 fr.
Si la rente monte, quand vous la croirez arrivée à son plus haut cours, vendez ferme les 2 500 fr. restans, je suppose à 83 fr. 95 c.	41 975
Mes deux ventes m'ont produit....	82 775 fr.
L'achat des 5 000 fr. à 82 fr. 20 c., dont 50 c., me revient à...........	82 200
Différence qui établit mon bénéfice.	575 fr.

Si, au contraire, la rente baisse, j'abandonne la rente que j'ai achetée à prime, et je rachète ferme les 2 500 fr.

de rente que j'ai vendue à 81 fr. 60 c. Ainsi je suppose que la rente soit descendue à 80 fr. 05 c., j'achète ferme à ce prix 2 500 fr. de rente, ci........ 40 025 fr.

Ces 2 500 fr. se trouvent déjà vendus à 81 fr. 60 c., ci.................... 40 800

Différence...................... 775 fr.

Il faut en déduire 500 fr. de prime, que j'ai payés dans l'achat des 5 000 fr. à 82 fr. 20 c., dont 50 c., ci....... 500

Mon bénéfice sera donc de........ 275 fr.

N. B. L'on concevra facilement que cette dernière sorte d'opération ne peut donner de profit que dans les grandes hausses et les grandes baisses.

II.

Achetez ferme une quantité de rente, et vendez-en le double à prime.

EXEMPLE.

J'achète 2 500 fr. de rente ferme à 82 fr., ci....................... 41 000 fr.
et en même temps j'en vends le double à prime, au cours de 82 fr. 70 c., dont 1 fr.

Ici se présentent deux cas; savoir, celui où en liquidation on me lèvera les

Report..... 41 000 fr.

5000 fr. de rente vendus à prime, et celui où on ne me les lèvera point.

1°. Supposons que la prime soit levée.

Dans ce cas, j'aurai 2 500 fr. de rente à racheter. En suivant le mouvement de la rente, si je remarque que le prix se tienne élevé, et qu'il y ait chance de hausse, je racheterai de suite; au contraire, si j'entrevois la baisse, j'attendrai la liquidation pour racheter les 2 500 fr., dont je reste vendeur à prime; je les prendrai, je suppose, à 82 fr. 35 c., ci.......................... 41 175

La somme de.................. 82 175 fr.

représente le montant des 5 000 fr. de rente dont je suis acheteur, et que j'ai vendus à 82 fr. 70 c., dont 1 fr., ci... 82 700

Différence qui forme mon bénéfice.. 525 fr.

2°. Supposons que la prime ne soit point levée.

Alors j'aurai 2 500 fr. de rente à vendre; si la rente est en baisse, je les vends sur-le-champ; si, au contraire, elle est en hausse, j'attends qu'elle soit à son plus haut période, pour vendre au mieux les 2500 fr. de rente que j'ai achetés à 82 fr. Etablissons qu'on les ait vendus à 81 fr. 45 c., ci......... 40 725 fr.

Les 2 500 fr. de rente achetés à 82 fr., s'élèvent à...................... 41 000

Différence à mon préjudice....... 275 fr.

Mais j'ai reçu 1 000 fr. de prime, ci. 1000

Différence qui établit mon bénéfice. 775 fr.

N. B. Cette sorte d'opération est bonne quand a rente ne subit point de grandes variations.

Comment l'on peut convertir une oépration à la hausse en une opération à la baisse.

Supposons que j'aie acheté 5 000 fr. de rente à 84 fr., ci................ 84 000 fr.

et que la rente soit descendue à 83 fr. 05 c., si je revends ces 5 000 fr. à ce prix, ci.......................... 83 050

j'aurai un déficit de .... 950 fr.

Mais si la rente me paraît devoir encore subir une baisse assez forte, au lieu de vendre 5 000 fr. de rente, j'en vendrai 10,000 fr.; en sorte que, d'un côté, étant acheteur de 5 000 fr. de rente, et de l'autre vendeur de 10,000 fr., je resterai vendeur de 5 000 fr. à découvert, et je pourrai profiter de toute la baisse pour regagner, et au-delà, la perte que j'aurai pu faire.

L'on peut conclure de là que, pour convertir une opération à la hausse en une opération à la baisse, il faut vendre une quantité double des effets publics que l'on a achetés.

Comment l'on peut convertir une opération à la baisse en une opération à la hausse.

En opérant d'une manière inverse à ce que nous avons dit ci-dessus, on peut convertir une opération à la baisse en une opération à la hausse. Par exemple, si j'ai vendu 5 000 fr. de rente à 83 fr., et que la rente soit montée à 83 fr. 60 c., je rachète le double, c'est-à-dire 10 000 fr. de rente à ce prix. Or, étant d'une part vendeur de 5 000 fr. de rente, et de l'autre, acheteur de 10 000 fr. de rente, il en résulte que je reste acheteur de 5 000 fr. de rente à 83 fr. 60 c.; en sorte que la hausse, tant élevée qu'elle arrive, me couvrira, soit en partie, soit en totalité, de la perte que j'aurais pu éprouver primitivement dans mon opération à la baisse, et, en outre, me produira un bénéfice indéterminé.

Ainsi l'on voit que, pour convertir une opération à la baisse en une opération à la hausse, il faut racheter une quantité double des effets publics que l'on a vendus.

Des Reports.

Chaque mois, la rente approchant de l'époque du semestre, elle acquiert une valeur croissante de mois en mois, qui établit une différence entre le prix de la rente fin du mois courant et le prix de la rente fin du mois prochain, c'est cette différence que l'on nomme *report*.

Le taux du report varie continuellement, ainsi que le cours de la rente.

On appelle *report du comptant à la fin du mois*, la différence qui existe entre le prix de la rente au comptant et le prix de la rente fin du mois courant. Par exemple, si la rente au comptant est à 82 fr., et la rente fin du courant à 82 fr. 15 c., cette différence qui existe entre la rente au comptant et la rente ferme établit le report au comptant.

Utilité des Reports pour spéculer sur les Fonds publics.

Je suppose que j'aie en caisse une somme de 82 000 fr., dont je n'aurai point besoin avant la liquidation courante ; si le report au comptant est de 15 centimes, j'acheterai au comptant 5 000 fr. de rente ferme à 82 fr., ci......... 82 000 fr.
et je les revendrai, fin courant, à 82 fr. 15 c............................ 82 150

Différence qui forme mon bénéfice.. 150 fr.

Quant aux reports qui s'effectuent de mois en mois, ils se font en achetant fin du mois courant, une quantité d'effets publics, et en les revendant de suite fin du mois prochain.

EXEMPLE.

Supposons qne la rente fin du mois courant soit à.................... 81 fr. 50 c.
et la rente fin du mois prochain à... 82

Cette différence de.............. 50 c.

entre le prix de la rente fin courant et celui de la rente fin prochain, établit ce qu'on appelle le taux du report.

J'achète 5 000 fr. de rente ferme fin courant, à 81 fr. 50 c., ci..........	81 500 fr.
Je vends de suite ces 5 000 fr. ferme fin prochain, à 82 fr., ci...........	82 000
Différence qui établit mon bénéfice..	500 fr.

81 500 fr. placés pendant un mois m'ont donc rapporté 500 fr.; ce qui fait un intérêt de 7 $\frac{9}{25}$ pour cent l'an.

Les reports offrent au capitaliste les moyens de placer ses fonds sur les effets publics sans se rendre propriétaire d'aucun de ces effets, puisque, étant acheteur et vendeur par la même opération, il est indifférent à la hausse et à la baisse de ces mêmes effets, et ne s'engage dans aucun risque.

Un autre avantage qu'a celui qui fait un report, c'est qu'étant, par cette opération, vendeur à une époque déterminée, il peut toujours profiter d'une grande baisse, en rachetant pour cette même époque les rentes qu'il a vendues, et par là en devenir le propriétaire.

Les reports s'appliquent aux reconnaissances de liquidation, aux annuités, aux actions de Banque, aux rentes de Naples.

Des Reports sur prime.

On appelle *report sur prime*, quand l'on achète la rente ferme fin du mois courant, et qu'on la vend à prime fin du mois prochain. Comme la rente à prime se vend toujours plus chère que la rente ferme, il résulte de cette opération que le report se trouve à un taux plus élevé; mais aussi, en cas de baisse, l'on court la chance de ne pas voir sa rente levée; alors on reste acheteur de rente ferme, mais dont le prix se trouve toujours baissé du prix de la prime que l'on a touchée.

EXEMPLE.

Je suppose que la rente ferme fin du mois courant soit à 82 fr. 10 c., et que la rente à prime fin du mois prochain soit à 82 fr. 95 c., dont 1 fr.

J'achète 5 000 fr. au cours de 82 fr. 10 c.	82 100 fr.
Je revends fin prochain à 82 fr. 95 c., dont 1 fr.	82 950
Différence qui établit mon bénéfice.	850 fr.

Dans le cas où on ne lèverait pas la rente fin du mois prochain, alors je resterais acheteur de 5 000 fr. de rente à 82 fr. 10 c.; mais comme j'aurais touché une prime de 1 fr., ma rente ne me coûterait réellement que 81 fr. 10 c.

Ce genre de report est bon, comme je l'ai observé précédemment, pour ceux qui ne craignent point de se trouver acheteurs d'effets publics; il a l'avantage d'offrir un intérêt plus fort que les reports sur rente ferme, pour ceux qui veulent faire valoir leurs capitaux.

Règle pour trouver l'intérêt pour cent l'an que produit un report.

Dites : le montant de l'achat est à la différence entre le montant de l'achat et le montant de la vente, comme 1 200 est au taux de l'intérêt cherché.

EXEMPLE.

Dans l'exemple cité page 162, le montant de l'achat est de........... 81 500 fr.
Celui de la vente................ 82 000

La différence de................ 500 fr.

représente l'intérêt de 81 500 fr. pendant un mois. Pour connaître le taux de l'intérêt, on posera la proportion

$$81\,500 : 500 :: 1\,200 : x = \frac{500 \times 1\,200}{81\,500} = \frac{600\,000}{81\,500}$$

$$= 7{,}36 = 7\frac{9}{25},$$

intérêt pour cent l'an que donne un report de 50 c., en supposant la rente fin courant à 81 fr. 50 c.

Il suit de là que, pour trouver l'intérêt que produit un report, on peut établir la règle pratique suivante : Prenez la différence entre le montant de l'achat et le montant de la vente; multipliez cette différence par 1 200, et divisez le produit qui en résulte par le montant de l'achat.

Afin d'épargner au lecteur la peine de

faire ce calcul, et afin de lui indiquer de suite le taux de l'intérêt pour cent l'an que produit un report, soit sur rente, soit sur reconnaissance, n'importe quel soit le prix de la rente ou de la reconnaissance, nous avons calculé le tableau ci-joint.

EXPLICATION DU TABLEAU DE L'INTÉRÊT DU REPORT.

La ligne horizontale AB, indique le prix de la rente prise de 50 en 50 centimes, depuis 65 francs jusqu'à 100 francs, et la colonne verticale AC, désigne le taux du report depuis 5 centimes jusqu'à 1 franc.

EXEMPLE.

Si l'on veut savoir quel est l'intérêt d'un report de 40 centimes quand la rente est à 82 francs, cherchez le nombre 40 dans la colonne AC, suivez la ligne horizontale jusqu'à la rencontre de la colonne où se trouve 82 francs (prix supposé de la rente), et à l'angle de ces deux colonnes, vous trouvez

TABLEAU DE L'INTÉRÊT POUR CENT L'AN, QUE PRODUIT LE REPORT SUR RENTE.

Le report étant calculé depuis 5 centimes jusqu'à 1 franc, et la rente étant prise depuis 65 francs jusqu'à 100 francs, de 50 en 50 centimes successivement.

Des Fonds publics en France, par J. BRESSON, 4e édition, page 168.

5.85 (1) pour le taux de l'intérêt d'un report de 40 centimes, la rente étant prise à 82 francs.

On a pris la rente de 50 en 50 centimes; ce qui est suffisant pour les recherches que l'on peut avoir à faire; car, si on l'avait prise à des taux plus rapprochés, il n'y aurait, pour ainsi dire, pas eu de différence dans les taux d'intérêt.

Ce tableau peut également servir pour connaître le taux de l'intérêt pour cent l'an que produit le report sur reconnaissance de liquidation, tant que le prix de la reconnaissance est au-dessous de 100 fr.

Utilité des Reports pour prolonger une opération à la hausse.

Je suppose que j'aie acheté 5 000 fr.
de rente à 82 fr. 50 c., ci........... 82 500 fr.
et que la rente soit descendue à 82 fr.,

---

(1) En réduisant la fraction décimale en fraction ordinaire, on aura $5\frac{17}{20}$ pour le taux de l'intérêt cherché.

Report..... 82 500 fr.

je ne puis revendre les 5000 fr. de rente que j'ai achetés, sans éprouver une perte qui serait de 500 fr.; mais, persuadé que la hausse doit se déclarer plus tard, alors je veux continuer mon opération; pour cela, je vends à 82 fr., ci.................................. 82 000

Les 5 000 fr. de rente que j'ai achetés, et en même temps je rachète 5 000 fr. de rente fin du moins prochain, à 82 fr. 40 c. (1), et je paie en liquidation une différence de..................... 500 fr.

Au moyen de cette opération, je me trouve encore acheteur fin du mois prochain de 5 000 fr. de rente à 82 fr. 40 c.; c'est ce que l'on appelle *se faire reporter*, c'est-à-dire continuer une opération; et l'on peut prolonger ainsi une affaire tant que l'on veut, en se faisant reporter de mois en mois.

(1) On suppose que le report soit à 40 centimes, c'est-à-dire qu'il y ait 40 centimes de différence entre le prix de la rente fin du mois courant et celui de la rente fin du mois prochain.

Utilité des Reports pour prolonger une opération à la baisse.

J'ai vendu à découvert 5 000 fr. de rente à 82 fr., ci.................. 82 000 fr.

Supposons que la rente soit montée à 83 fr. 55 c.; mais, croyant toujours à la baisse, je veux prolonger mon opération; alors j'achète 5 000 fr. de rente au cours de 83 fr. 55 c., ci.......... 83 550

Si le report est à 40 c., je vends fin du mois prochain 5 000 fr. de rente à 83 fr. 95 c., et en liquidation, je devrai payer une différence de............ 1 550 fr.

au moyen de quoi je reste vendeur fin du mois prochain, à 83 fr. 95 c.

Autre moyen de prolonger une opération à la hausse.

Je suppose qu'étant acheteur de 5 000 fr. de rente à 84 fr............. 84 000 fr.
la rente descende à 83 fr.; soutenu par l'idée que la hausse reviendra, et ne voulant point sortir de mon opération, j'achète encore 5 000 fr. de rente à ce cours de 83 fr...................... 83 000 fr.

Ainsi, je serai acheteur de 10 000 fr. de rente, qui me reviendront à un prix commun de 83 fr. 50 c.; en sorte que, si la rente monte au-delà de 83 fr. 50 c., je pourrai vendre avec bénéfice les 10 000 fr. de rente dont je serai acheteur; c'est ce qu'en terme de Bourse, l'on appelle se *faire une commune.*

Autre moyen de prolonger une opération à la baisse.

En suivant le même principe que nous avons établi ci-dessus, et l'appliquant dans un sens inverse, on trouvera un nouveau moyen de prolonger une opération à la baisse.

EXEMPLE.

J'ai vendu 2 500 fr. de rente à 83 fr. 80 c. . . . . 41 900 fr.

La rente monte jusqu'à 84 fr. 60 c., je vends encore 2 500 fr. de rente à ce cours de 84 fr. 60 c. . . . . 42 300 fr.

En sorte que je me trouverai vendeur de 5 000 fr. de rente au prix moyen de 84 fr. 20 c. Dans ce cas, admettant la baisse de la rente au-dessous de 84 fr. 20 c., je pourrai racheter avec bénéfice les 5 000 fr. de rente dont je serai vendeur.

Moyen de bonifier une opération à la hausse, quand la baisse est survenue.

Celui qui se trouve acheteur de rente dans des prix élevés, peut, en cas de baisse, se faire reporter et vendre à prime pour diminuer sa perte.

EXEMPLE.

J'ai acheté 5 000 fr. de rente à 83 fr. 10 c., ci........................	83 100 fr.
Admettons que la rente soit descendue à 82 fr.; pour me faire reporter, je vends à ce prix, ci................	82 000
Différence qu'il faudra que je paie..	1 100 fr.
Et en même temps je rachète ces 5 000 fr. de rente fin du mois prochain à 82 fr. 30 c. (1), ci...............	82 300

(1) Dans cet exemple, on établit le report à 30 centimes, c'est-à-dire qu'il y a 30 centimes de différence entre le prix de la rente fin courant et le prix de la rente fin prochain.

Report.....	82 300 fr.
et je les revends de suite à prime, soit à 82 fr. 85 c., dont 1 fr., ci..........	82 850
Différence à mon profit..........	550 fr.

Il suit de là que, si fin prochain on me lève ma prime, je gagnerai 550 francs, ce qui diminuera d'autant la perte de 1 100 fr. que je fais fin courant.

Supposons maintenant que fin prochain, les 5 000 fr. de rente que j'ai vendus à prime ne soient point levés; comme j'aurai reçu une prime de 1 000 francs, qui diminue d'un franc le prix de 82 fr. 30 c., auquel je suis acheteur fin prochain, je resterais donc acheteur de 5 000 fr. de rente, qui ne me reviendront qu'à 81 fr.

30 c., ci.........................	81 300 fr.
Ajoutons 1 100 fr. payés fin courant, ci..............................	1 100
Total.........	82 400 fr.

Ainsi je serai acheteur fin prochain de 5000 fr. de rente, qui ne me coûteront que 82 fr. 40 c., tandis qu'originairement je les avais achetés au cours de 83 fr. 10 c.; j'aurai donc bonifié mon opération. Les moyens de la terminer se rattachent ensuite aux circonstances qui surviendront et aux différens cas que nous avons déjà expliqués.

Moyen de bonifier une opération à la baisse, quand la hausse est survenue.

Vendez à prime une quantité de rente égale à celle dont vous êtes déjà vendeur ferme.

EXEMPLE.

J'ai vendu 5 000 fr. à 81 fr., ci..... 81 000 fr.

Depuis, la rente est montée à 83 fr. 70 c.; pour bonifier mon opération, je vends alors 5 000 fr. de rente à prime, dont 1 fr. (1), soit à 84 fr. 60 c., dont 1 fr., ci........................ 84 600 fr.

Ici se présentent deux cas; savoir, celui où les 5 000 fr. de rente que j'ai vendus à prime seraient levés, et celui où ils ne le seraient point.

1°. Supposons que la prime soit levée.

Dans ce cas, je me trouverai vendeur de

(1) Dans cet exemple, on suppose qu'il y ait 90 centimes de différence entre le prix de la rente ferme et celui de la rente à prime.

10 000 fr. de rente, au prix moyen de 82 fr. 80 c. (1), au lieu de 5 000 fr. au cours de 81 fr.; j'aurai donc ainsi haussé le prix de ma vente de 1 fr. 80 c.

2°. Admettons que la prime soit abandonnée; alors j'aurai reçu 1 000 fr. de prime, qui bonifieront d'un franc mon prix de vente.

DES ESCOMPTES.

A la Bourse, on entend par *escompte*, lorsque, ayant acheté des effets publics fin du mois, on en demande la livraison par anticipation, clause que l'on se réserve toujours dans les marchés à terme (2).

Pour escompter, il faut que l'Agent de change qui a acheté pour vous prévienne l'Agent vendeur, avant l'ouverture de la

---

(1) Cela est évident, puisque l'on se trouve vendeur de 5 000 fr. de rente à 81 fr., et de 5 000 fr. à 84 fr. 60 c. Le prix moyen entre 82 fr. et 84 fr. 60 c., est 82 fr. 80 c.

(2) Cette clause est exprimée par les mots *ou plutôt à volonté*, qui se trouvent dans tous les engagemens à terme.

Bourse, par une affiche visée par le syndic ou un de ses adjoints; cette affiche est placée sur un tableau disposé à cet effet dans le cabinet des Agens de change; elle détermine la nature, la quantité et le prix des effets.

Le lendemain de l'affiche, l'Agent de change acheteur remet à l'Agent de change vendeur un bulletin des noms, pour opérer le transfert et la livraison des susdits effets. Si les effets ainsi exigés sont de nature transférable, ils doivent être livrés dans les délais prescrits pour les opérations au comptant; si les effets sont au porteur, ils doivent être livrés le lendemain du jour où le bulletin a été remis (1).

Lorsque la rente a subi une hausse rapide, et que l'on entrevoit que cette hausse aura de la continuité, certains acheteurs fin du mois, dans des prix bas, qui ont intention de lever, peuvent craindre qu'en

(1) Réglemens de la Compagnie des Agens de change, tit. V, art. 14.

attendant jusqu'à la liquidation, leurs vendeurs ne livrent point les effets convenus; dans ce cas, on escompte pour s'assurer la livraison des effets dont on est acheteur.

Par exemple, si j'ai acheté 10 000 fr. de rente à 80 fr., et qu'en peu de temps la rente soit montée à 85 fr. 50 c., craignant qu'à la fin du mois mon vendeur ne soit pas en état de me livrer à 80 fr., je lui escompte et termine de suite mon marché.

Les escomptes sont souvent employés avec succès, pour faire monter les effets publics; car toutes les fois que l'on escompte à un vendeur à découvert (1), ce dernier ne pouvant livrer, est forcé de racheter, à quelque prix que ce soit, et si un grand nombre de spéculateurs se trouvent dans le même cas, naturellement cela doit produire une hausse.

---

(1) L'on nomme ainsi celui qui vend une quantité d'effets publics, qu'il ne possède point, et qu'il est ensuite obligé de racheter à bénéfice ou à perte pour balancer son compte.

Emprunts ou Prêts sur dépôts d'effets publics.

Un placement de fonds sur dépôt d'effets publics consiste à prêter une somme quelconque et à recevoir en nantissement des effets publics représentant une valeur supérieure à la somme placée. Ces effets n'étant donnés qu'à titre de dépôt, il en résulte deux engagemens, l'un signé par le prêteur, l'autre signé par l'emprunteur.

Le prêteur s'engage à rendre à l'emprunteur, à la fin du mois, formant l'échéance du terme du placement, les effets qui lui ont été remis en dépôt, contre le remboursement qui lui sera fait du capital seul, l'intérêt (1) se payant ordinairement d'avance.

L'emprunteur s'engage à rendre le capital qui lui a été prêté contre la remise qui lui sera faite des effets qu'il a donnés au prêteur en dépôt.

---

(1) Le taux de l'intérêt dépend du plus ou moins d'abondance d'argent qui est sur la place.

Ces sortes d'opérations se traitent par l'entremise d'un Agent de change, et ne peuvent être faites que pour un terme n'excédant pas trois mois; les transferts qui y sont relatifs sont exempts du droit d'enregistrement.

Les engagemens désignés ci-dessus sont faits doubles; le client en signe un; l'autre est signé par l'Agent de change; ils sont échangés entre eux.

Dans ces sortes de marchés, il est de convention que, dans le cas où avant l'échéance desdits prêts, le cours des effets publics tomberait à la Bourse à un prix égal à celui auquel les effets auraient été déposés, l'emprunteur devra alors remettre au prêteur la somme d'effets nécessaires pour que ce dernier soit toujours couvert dans la même proportion. Dans ce cas, le prêteur donnera un reçu de cette somme.

A défaut par l'emprunteur de payer ce surplus, le prêteur s'adressera à la chambre syndicale des Agens de change, qui fera revendre lesdits effets au compte de l'emprunteur, pour le montant en être employé à rembourser le prêteur.

Cette même formalité aura lieu également à l'échéance desdits prêts, en cas de non-remboursement ou de faillite de la part de l'emprunteur; de telle sorte que le prêteur soit toujours assuré de son remboursement représenté par les effets sur lesquels il aura prêté.

Autres facilités qu'a le propriétaire d'effets publics pour se procurer des fonds.

Vendez au comptant et rachetez en même temps fin du mois courant ou fin du mois prochain; ou bien, pour se servir de termes de Bourse, faites-vous *reporter du comptant* à la fin du mois courant ou du mois prochain.

EXEMPLE.

J'ai besoin d'argent jusqu'à la fin du mois prochain; je vends 5 000 fr. de rente au comptant, au cours de 83 fr.. 83 000 fr.
et en même temps, je rachète 5 000 fr.

Report.... 83 000 fr
de rente fin du mois prochain, au cours
de 83 fr. 35 c. (1)........................83 350

Différence.............................350 fr.

Ainsi, pour une somme de 350 fr., et avec une inscription de 5 000 fr., je me serai procuré 83 000 fr. d'ici à la fin du mois prochain; en évaluant l'intérêt pour cent l'an que me coûte cet argent, d'après la règle indiquée page 164, je trouve 5,06 ou $5\frac{3}{50}$ d'intérêt.

Cette sorte d'opération peut s'appliquer aux reconnaissances de liquidation, aux annuités, aux actions de Banque, aux rentes de Naples, et en général à toutes sortes d'effets publics.

DES COULISSIERS.

On appelle *Coulissier* un agioteur qui achète fin du mois courant une quantité de rentes que souvent il n'a ni l'intention ni la faculté de payer, et qui doit en consé-

(1) On suppose que le report du comptant à la fin du mois prochain est de 35 centimes.

quence les vendre également fin du mois, ou à profit ou à perte, afin de remplir ses engagemens; ou bien un agioteur qui a vendu une quantité de rentes qu'il n'a pas, et qu'il est obligé d'acheter avec perte ou bénéfice, pour se liquider et faire honneur à ses affaires.

Les coulissiers font entre eux les mêmes opérations que les Agens de change, et en outre beaucoup d'autres, telle que des primes pour recevoir (dont nous parlerons plus bas), des achats et des ventes à prime pour trois heures, quatre heures ou quatre heures et demie, dans le même jour et dans la même bourse; ou bien pour deux jours, trois jours, quatre jours, etc. Ils vendent et achètent aussi des rentes à trois, quatre, cinq et six mois de terme, sortes d'opérations illégales que l'on ne fait point au parquet.

Les opérations faites par les coulissiers sont immenses; aussi ne laissent-elles pas souvent de contribuer au mouvement de la rente; car la plupart de ceux qui spéculent sur les fonds publics inventent ou accréditent de bonnes ou mauvaises nouvelles, pour faire monter ou baisser les fonds suivant leur intérêt respectif: de là est venu que l'on nomme *bruit de Bourse* toutes les nouvelles fausses qui s'y débitent.

Ceux qui font des affaires avec les coulissiers ne sauraient y mettre trop de prudence; car leurs opérations n'étant point permises par les lois, il en résulte que la bonne foi et le sentiment de l'honneur sont les seules garanties sur lesquelles repose l'exécution de leurs marchés : aussi vaut-il toujours mieux employer le ministère d'un Agent de change qui, revêtu d'un caractère d'autorité, et honoré de la confiance publique, offre une responsabilité morale que l'on chercherait vainement ailleurs. Cette responsabilité est en outre garantie par le cautionnement (1) que l'Agent de change verse à la Caisse des dépôts et consignations.

---

(1) Ce cautionnement est de 125 000 fr.

Des primes pour recevoir.

Par *prime pour recevoir* on entend un marché conditionnel, où l'acheteur, au moyen d'une prime que lui paie le vendeur, est tenu de recevoir de ce dernier, à un prix convenu et au jour et heure indiqués, la quantité de rentes qui lui a été vendue.

Ce marché engage l'acheteur sans engager le vendeur, qui conserve la faculté de livrer ou non les rentes qu'il a vendues.

EXEMPLE.

Je reçois 10 centimes pour lever demain, à trois heures, 5000 fr. de rente à 84 fr.

Si demain à trois heures la rente est au-dessus de 84 fr., il est évident que le vendeur m'abandonnera la prime qu'il m'a payée; car il serait contraire à ses intérêts de me livrer à 84 fr. de la rente qui, au moment de la réponse de la prime, serait à un prix supérieur.

Mais si à trois heures, au contraire, la

rente se trouve, je suppose, à 83 fr. 70 c., le vendeur me forcera de recevoir les 5 000 fr. de rentes qu'il m'a vendues à 84 fr., parce que, pouvant racheter à 83 fr. 70 c., les 5 000 fr. de rentes qu'il m'a vendues à 84 fr., il aura un bénéfice de 30 centimes, desquels il faut retrancher les 10 centimes de prime par lui payés, ce qui met son bénéfice à 20 centimes sur la rente, ou 200 fr. de capital.

Cette sorte d'opération, qui est l'inverse de celle expliquée page 145, n'est pratiquée que par les coulissiers.

Considérations générales sur les causes qui peuvent produire la hausse ou la baisse.

Il est évident que, les propriétaires d'inscriptions étant créanciers de l'État, la hausse et la baisse de la rente est subordonnée aux évènemens politiques, et au degré de confiance que l'on a dans le Gouvernement.

Lorsque la rente est beaucoup plus chère

au comptant que fin du mois, c'est ordinairement un présage de hausse, parce que cela annonce que la rente est recherchée par ceux qui l'achètent pour la garder, car ce qui établit réellement le cours des effets publics, ce sont plutôt les opérations au comptant que les achats et les ventes à termes, qui, se compensant la plupart, nécessitent peu de livraisons; de là il arrive que, quand de forts capitalistes lèvent en liquidation une grande quantité de rentes, il s'ensuit presque toujours une hausse; de même que, quand ils font de nombreuses livraisons, la baisse devient presque certaine.

Le taux du report d'un mois à l'autre peut aussi être considéré comme un signe indicateur de hausse ou de baisse; car il faut considérer deux choses sur la place, l'argent et les rentes.

Le spéculateur qui n'est pas en état à l'échéance de son marché de lever les rentes qu'il a achetées, cherche à se faire reporter; il faut donc qu'il trouve quelqu'un qui veuille bien lever pour lui les rentes dont il est acheteur, et les lui revendre fin du mois suivant, avec une différence de prix que l'on nomme *report*, et qui est à l'avantage de celui qui lève l'inscription. Si l'argent est abondant, il est clair qu'il trouvera à se faire reporter à un taux modéré; mais s'il est rare, le taux sera plus cher; ainsi le report pouvant indiquer si l'argent est abondant ou non sur la place, on peut en conclure que, quand le report est bas, cela annonce une grande quantité d'argent, et cette grande quantité d'argent absorbe la rente et la fait monter, tandis qu'au contraire, quand le report est élevé, l'argent est rare; les rentes qui arrivent sur la place, ne se trouvant plus soutenues par les capitaux, ne peuvent que baisser.

APPENDIX.

EMPRUNT DE SICILE. (1)

Le Roi des Deux-Siciles a, par son décret du 26 mai 1821, séparé les finances de la Sicile de celles du Royaume de Naples, et il a été établi pour la Sicile une administration locale, composée d'hommes recommandables, choisis dans le pays même.

Les Administrateurs, afin de pourvoir à des charges momentanées, sans grever le peuple de nouveaux impôts, ont cru devoir recourir à un emprunt, dont le rembour-

(1) Cet emprunt ayant été négocié pendant l'impression de ce Livre, on n'a pu insérer cet article immédiatement après le chapitre des *Rentes de Naples*, ainsi qu'il aurait dû l'être.

sement progressif serait en harmonie avec les revenus du pays.

En conséquence, d'après les ordres du Roi, le Gouvernement de Sicile a autorisé le Directeur des secrétaireries d'Etat de la Sicile, à Naples, à conclure avec MM. C. Forquet et L. Giusso, de Welz et Cie, et A. Viollier, un emprunt d'*un million d'onces*, soit *trois millions de ducats* de capital. Ce contrat a été conclu et ratifié par S. M. sicilienne, le 29 octobre 1821.

Cet emprunt est divisé en obligations, et est garanti par une hypothèque générale et spéciale sur tous les biens fonds que possède la Sicile, et par un privilége sur toutes les contributions directes et indirectes de ce royaume. En vertu de ce privilége, les obligations, ainsi que leurs coupons d'intérêts, quoique payables à Naples, sont, sur un simple visa à Naples, reçus, à l'échéance, comme argent comptant dans toutes les caisses publiques de la Sicile.

Une partie des contributions est spécialement affectée au remboursement du ca-

TABLEAU des Tirages au sort et des Remboursemens des Obligations de Sicile.

ÉPOQUES des TIRAGES.	ÉPOQUES des REMBOURSEMENS.	NOMBRE des Obligations de 400 Onces, tirées et remboursées.	ÉPOQUES des TIRAGES.	ÉPOQUES des REMBOURSEMENS.	NOMBRE des Obligations de 400 Onces, tirées et remboursées.	ÉPOQUES des TIRAGES.	ÉPOQUES des REMBOURSEMENS.	NOMBRE des Obligations de 400 Onces, tirées et remboursées.
					Report 490			Report. 1427
1er Nov. 1822	1er Janv. 1823	31	1er Nov. 1828	1er Janv. 1829	78	1er Nov. 1834	1er Janv. 1835	192
1er Mai 1823	1er Juill.	32	1er Mai. 1829	1er Juill.	40	1er Mai 1835	1er Juill.	39
1er Nov.	1er Janv. 1824	33	1er Nov.	1er Janv. 1830	87	1er Nov.	1er Janv. 1836	265
1er Mai 1824	1er Juill.	33	1er Mai 1830	1er Juill.	41	1er Mai 1836	1er Juill.	36
1er Nov.	1er Janv. 1825	35	1er Nov.	1er Janv. 1831	95	1er Nov.	1er Janv. 1837	336
1er Mai 1825	1er Juill.	35	1er Mai 1831	1er Juill.	42	1er Mai 1837	1er Juill.	30
1er Nov.	1er Janv. 1826	51	1er Nov.	1er Janv. 1832	118	1er Nov.	1er Janv. 1838	406
1er Mai 1826	1er Juill.	37	1er Mai 1832	1er Juill.	42	1er Mai 1838	1er Juill.	22
1er Nov.	1er Janv. 1827	57	1er Nov.	1er Janv. 1833	143	1er Nov.	1er Janv. 1839	473
1er Mai 1827	1er Juill.	38	1er Mai 1833	1er Juill.	42	1er Mai 1839	1er Juill.	12
1er Nov.	1er Janv. 1828	69	1er Nov.	1er Janv. 1834	168	1er Nov.	1er Janv. 1840	512
1er Mai 1828	1er Juill.	39	1er Mai 1834	1er Juill.	41			TOTAL. 3750
		490			1427			

Des Fonds publics, par J. BRESSON, 4e édition, page 189.

pital, au paiement des intérêts; et le Gouvernement a avisé aux moyens de les faire verser dans une caisse à part, destinée exclusivement à l'amortissement de la dette que l'on vient de contracter.

L'emprunt a été divisé en 3 750 Obligations au porteur, de chacune 400 onces [soit 1 200 ducats (1)], remboursables progressivement et intégralement chaque semestre, en monnaie d'or ou d'argent, à partir du 1er janvier 1823, jusques et compris le 1er janvier 1840, conformément au tableau ci-annexé.

Il sera fait chaque semestre un tirage des Obligations à rembourser dans le semestre suivant. Ces tirages seront faits publiquement en présence du directeur des secrétaireries royales d'Etat pour les affaires de Sicile.

Ces Obligations portant 5 pour % d'intérêt, jouissance du 1er juillet 1822 (2),

(1) Ce qui, au change de 4 fr. 40 c. par ducat, fait 5 280 francs pour une Obligation.

(2) En sorte que le premier coupon à toucher, n'échoit qu'au 1er janvier 1823.

*

accompagnées d'autant de coupons qu'il y a de semestres, ont été délivrées au prix de 70 pour $\frac{0}{0}$ aux prêteurs, et au change, de 4 fr. 40 c. pour un ducat, et 3 ducats pour une once.

Un dixième de l'emprunt, imputable sur le dernier terme de paiement, a été acquitté de suite, et les neuf dixièmes restans sont payés en neuf termes, de mois en mois, à partir du 15 décembre 1821 (1).

(1) Epoque fixée par le contrat passé à Naples le 29 octobre 1821.

FIN.

TABLE
DES MATIÈRES.

PREMIÈRE PARTIE.

DES FONDS PUBLICS EN FRANCE.

SECONDE PARTIE.

DES OPÉRATIONS DE LA BOURSE DE PARIS.

FIN DE LA TABLE.

www.ingramcontent.com/pod-product-compliance
Ingram Content Group UK Ltd.
Pitfield, Milton Keynes, MK11 3LW, UK
UKHW022052190726
13855UKWH00002B/482

9 782013 050968